Benedikt Schubert
Zeitspuren

Kunst-, Musik- und Theaterwissenschaft, Band 17

Benedikt Schubert

Zeitspuren

Bachs Vokalmusik im Spiegel hymnologischer Quellen

Frank & Timme
Verlag für wissenschaftliche Literatur

Umschlagabbildung: Johann Sebastian Bach © stock.adobe.com

Gefördert durch die Deutsche Forschungsgemeinschaft (DFG) – SCHU 3219/1-1

ISBN 978-3-7329-0658-1
ISBN E-Book 978-3-7329-9332-1
ISSN 1862-6114

Herstellung durch Frank & Timme GmbH,
Wittelsbacherstraße 27a, 10707 Berlin.
Printed in Germany.
Gedruckt auf säurefreiem, alterungsbeständigem Papier.

www.frank-timme.de

Inhaltsverzeichnis

Vorwort

Die vorliegende Studie geht aus dem von der *Deutschen Forschungsgemeinschaft* geförderten Projekt „Zeitgenössische Liederkommentare als hermeneutische Schlüssel zu geistlichen Vokalmusik Johann Sebastian Bachs“ hervor, in welchem ich von 2017 bis 2020 in einer „Eigenen Stelle“ am *Bach-Archiv* in Leipzig arbeitete. Meinen Kolleginnen und Kollegen in Leipzig danke ich für die herzliche Arbeitsatmosphäre, ein jederzeit offenes Ohr und den fachlichen Austausch. Durch die Kooperation des Bach-Archivs mit der Universität Leipzig bestand zudem die Möglichkeit, Lehrveranstaltungen am Institut für Musikwissenschaft durchzuführen. Den Austausch mit den Studierenden möchte ich ganz besonders hervorheben. Im Rahmen des Seminars „Musik. Text. Deutung – Perspektiven auf das geistliche Vokalwerk Johann Sebastian Bachs“ im Sommersemester 2018 ergaben sich in den Seminarsitzungen und den Vorbesprechungen der Seminararbeiten interessante Gespräche und Anregungen. So machte mich beispielsweise Luzie Teufel (Köln) auf ein interessantes Phänomen aufmerksam: Wieso klingt das beschließende „Alleluja“ der Osterkantate *Erfreut euch, ihr Herzen* BWV 66 so wenig jubilierend, als vielmehr verhalten und introvertiert? Diese spannende Frage beschäftigte mich seitdem immer wieder und Jahre später habe ich vielleicht eine Antwort darauf finden können. Das Kapitel „3.7 *Confessio fraudis* und *confessio laudis*“ widmet sich dieser Thematik. Über ein Jahr, von Herbst 2019 bis zum Ende der Projektlaufzeit, unterstützte mich zudem Josias Schill (Leipzig) als wissenschaftliche Hilfskraft. Ihm verdanke ich das Setzen aller Notenbeispiele, viele Recherchen und spannende Gespräche zu den in dieser Studie vorgelegten Deutungen.

Einleitung

Kirchenlieder wie „Nun komm, der Heiden Heiland", „Christ lag in Todesbanden" oder „Christ unser Herr zum Jordan kam" sind uns geläufig. Wir können Melodie und Text unmittelbar abrufen. Sie sind präsent. Das waren sie ohne Zweifel für Bach und seine Zeitgenossen auch. Doch wie hat man damals diese Lieder eigentlich gehört? Was hat man mit den Texten verbunden? Haben sich das Verständnis und die Auslegung der Kirchenlieder seitdem nicht geändert? Die Bachforschung hat sich bisher wenig mit diesen Fragen beschäftigt. Wohl hat man sich im Bereich der sogenannten theologischen Bachforschung um ein historisch adäquates Verständnis der von Bach vertonten Bibeltexte bemüht,[1] die Kirchenlieder jedoch nicht annähernd in gleichem Maße in die historische Arbeit einbezogen.[2] Und so ist es das Ziel der vorliegenden Studie exemplarisch zu verdeutlichen, welchen hermeneutischen Mehrwert ein Verständnis der von Bach vertonten Kirchenlieder aus der Sicht des 18. Jahrhunderts mit sich bringt. Dafür werden zur Orientierung in Kapitel 1 hymnologische Quellen, vorrangig aus der ersten Hälfte des 18. Jahrhunderts unter den Gesichtspunkten „Typen" (Kap. 1.1) und „Intentionen" (Kap. 1.2) vorgestellt. Kapitel 2 ist eine historisch-biographische Annäherung und, in gewisser Weise, ein Gedankenspiel: Wo finden sich auf den Lebensstationen Bachs und in den biographischen Dokumenten zu dem Thomaskantor Anknüpfungspunkte an die Hymnologie seiner Zeit? Die Werkbetrachtungen (Kap. 3) sind das Hauptanliegen und Ziel der Studie. Vorgeführt werden in ihnen Möglichkeiten, die für das 18. Jahrhundert typischen Lesarten der Kirchenlieder auf ausgesuchte Vokalkompositionen Bachs anzuwenden. Anwenden heißt hier: Es wird

1 Summarisch kann Martin Petzoldts vierbändiger *Bach-Kommentar* genannt werden. Vgl. Martin Petzoldt: *Theologisch-Musikwissenschaftliche Kommentierung der geistlichen Vokalwerke Johann Sebastian Bachs*, 4 Bände, Kassel u. a. 2004–2020.

2 Als Ausnahme sei auf eine Publikation von Stephen A. Crist hingewiesen. Vgl. Stephen A. Crist: „Historical theology and hymnology as tools for interpreting Bach's church cantatas. The case of ‚Ich elender Mensch, wer wird mich erlösen', BWV 48", in: *Historical musicology*, 2004, S. 57–84.

versucht mit dem hymnologischen Wissen Erklärungen für einige auffällige kompositorische Entscheidungen Bachs zu finden. Warum entscheidet sich Bach bei der Vertonung einer Kirchenliedstrophe etwa für ein Duett? Warum für einen bestimmten Stil? Warum für einen charakteristischen Rhythmus? Die hymnologischen Quellen können bei den Kompositionen gewissermaßen „greifen", deren Libretti Kirchenlieder oder Umdichtungen solcher sind. Demnach befinden sich in den Werkbetrachtungen vielerlei Arten von untersuchten Kantatensätzen, die auf Kirchenliedern basieren: Kantionalsätze, Arien und Eröffnungschöre aus Bachs Mühlhäuser bis Leipziger Zeit. Die exemplarische Verfahrensweise, die Auswahl von Kompositionen, nicht der enzyklopädisch-systematische Ansatz, wurde bewusst gewählt und ist dem Ziel der Studie verpflichtet. Gefunden werden sollen explizit Erklärungen für das Verhältnis von Text und Musik, welche auf den ersten Blick nicht kongruent erscheinen. In den Momenten, in denen Text und Musik vielleicht sogar unterschiedliche Vorstellungen assoziieren, schlägt die Stunde jener Quellen, welche uns unter Umständen ein ganz anderes Verständnis der Texte vermitteln. Vor dem Hintergrund dieses neu gewonnenen – aus unserer Sicht häufig fremden bis fremdartigen – Verständnisses lassen sich dann wiederum einige kompositorische Entscheidungen Bachs nachvollziehen. Mit dem Blick auf Bachs gesamtes Vokalwerk kann man konstatieren, dass solche intrikaten Fälle von Text-Musik-„Widerspruch" eher die Minderheit bilden. Sie sind aber, nach Meinung des Autors, die mit Abstand spannendsten Arbeitsfelder, an denen sich Historiker*innen versuchen können. Deutlich lassen sie die Spuren ihrer Zeit erkennen, welche, entschlüsselt, echte Entdeckungen bereithalten. Im abschließenden Fazit (Kap. 4) werden die Erkenntnisse aus den Werkbetrachtungen etwas abstrakter diskutiert: Was macht die neu gewonnene Sicht auf Bachs Musik mit uns? Welche Konsequenzen und Ambivalenzen könnten sich daraus für unser Bachbild ergeben?

1 Hymnologische Quellen im 18. Jahrhundert

1.1 Typen

Kommentierende hymnologische Quellen erleben vom ausgehenden 17. bis zur Mitte des 18. Jahrhunderts eine Blüte[3], weshalb man diese Zeit auch als „Frühzeit hymnologischer Forschung" bezeichnet hat.[4] Wer auf diese Quellen blickt, wird mit einer Fülle verschiedenlautender Titel konfrontiert, die sich jedoch meist drei Kategorien zuordnen lassen: *Glossierten Gesangbüchern*, *Liedkommentaren* und *Liedpredigten*. Sind die Übergänge zwischen den ersten beiden Kategorien fließend, lässt sich jedoch eine eindeutige Abgrenzung zu den Liedpredigten – darauf weisen auch schon die Zeitgenossen hin[5] – vornehmen. Die Publikation von glossierten Gesangbüchern und Liedkommentaren überwiegen im 18. Jahrhundert. Ein knapper Überblick über den Aufbau dieser drei Typen von kommentierenden hymnologischen Quellen soll Orientierung bieten.

3 Gemeindegesangbücher des 17./18. Jahrhunderts ohne Kommentierung der Lieder bzw. Glossierungen werden hier bewusst aus der Untersuchung ausgenommen. Für einen Überblick über die kommentierenden hymnologischen Quellen – welche für die vorliegende Studie zentral sind – vergleiche man die umfangreiche Bibliographie von Martin Rößler. Vgl. Martin Rößler: „Die Frühzeit hymnologischer Forschung", in: *Jahrbuch für Liturgik und Hymnologie*, 1975 (Bd. 19), S. 123–186, hier: S. 163–186.

4 Vgl. Rößler, „Frühzeit"; dass dieser Begriff nicht ganz unproblematisch ist, wird im Kap. 1.2 *Intentionen* diskutiert.

5 Es ist der Arnstädter Hymnologe Johann Christoph Olearius (1668–1747), welcher in der Vorrede zu seinem *Evangelischen Lieder-Schatz* (1704–1707), dem ersten größeren kommentierenden hymnologischen Werk um 1700, anmerkt: „Die Lieder-Predigten sind meistentheils gar zu weitläufftig, gehen vielmahl von den Text-Worten gar ab, und lassen sehr viele Wörter und Redens-Arten eines Liedes unberühret […]." (Johann Christoph Olearius: *Evangelischer Lieder-Schatz*, 4 Bde., Jena 1707, Vorbericht, unpaginiert).

1.1.1 Glossierte Gesangbücher

Sollte eine Sammlung von Kirchenliedern zum Gebrauch im Gottesdienst oder in der häuslichen Andacht noch die Funktion eines Gesangbuchs erfüllen und dessen handliches Format beibehalten, aber dennoch an einigen Stellen Erklärungen enthalten, bot sich die Kompromisslösung zwischen Gesangbuch und Liedkommentar an: das glossierte Gesangbuch. Die Glossierungen, also Anmerkungen, nehmen in dieser Quellengattung einen ungleich geringeren Raum ein, als in den voluminösen Liedkommentaren. Auch wird in den glossierten Gesangbüchern immer nur eine Auswahl von Liedern des Kernrepertoires kommentiert. Ein gerade mit Blick auf Bachs Leipziger Zeit interessantes und frühes Beispiel für ein glossiertes Gesangbuch, das sich freilich im Haupttitel als solches nicht zu erkennen gibt, ist das *Neu Leipziger Gesangbuch* des Nikolaikantors Gottfried Vopelius (1645–1715) von 1682. Als Bach 1723 sein Amt als Thomaskantor und Director musices in Leipzig antrat, war dieses Gesangbuch noch in Gebrauch. Aus dem Titelblatt wird ersichtlich, dass Georg Möbius (1616–1697), zur Zeit der Publikation Dekan der Leipziger Theologischen Fakultät, neben der Vorrede auch „nach der Vorrede viel nützliche Anmerckungen gethan, und darinnen gewiesen, wie in unterschiedlichen Liede gewisse Orte falsch und unrecht gesungen, und wie darneben viel dunckele und undeutlich Redensarten recht sollten verstanden werden".[6] Anders als in den glossierten Gesangbüchern des 18. Jahrhunderts, in denen die Anmerkungen direkt bei den Liedern zu finden sind, werden sie hier dem Gesangbuch vorangestellt – und sie betreffen auch nur einen Bruchteil der Lieder. Wenn es zu den Liedern in den Vorabanmerkungen Erklärungen gibt, werden diese in dem Gesangbuch mit einem Sternchen gekennzeichnet.[7] Dieses System von Querverweisen ist noch weit entfernt von der Praktikabilität und Anmerkungsdichte späterer glossierter Gesangbücher. Das Titelblatt (Abb. 1) und der Beginn der „Kurtze[n] und nützlichen Anmerkungen" (Abb. 2) verdeutlichen dies:

6 Vgl. nachfolgende Abbildung.

7 Gottfried Vopelius: *Neu Leipziger Gesangbuch*, Leipzig 1682, Vorrede, unpaginiert.

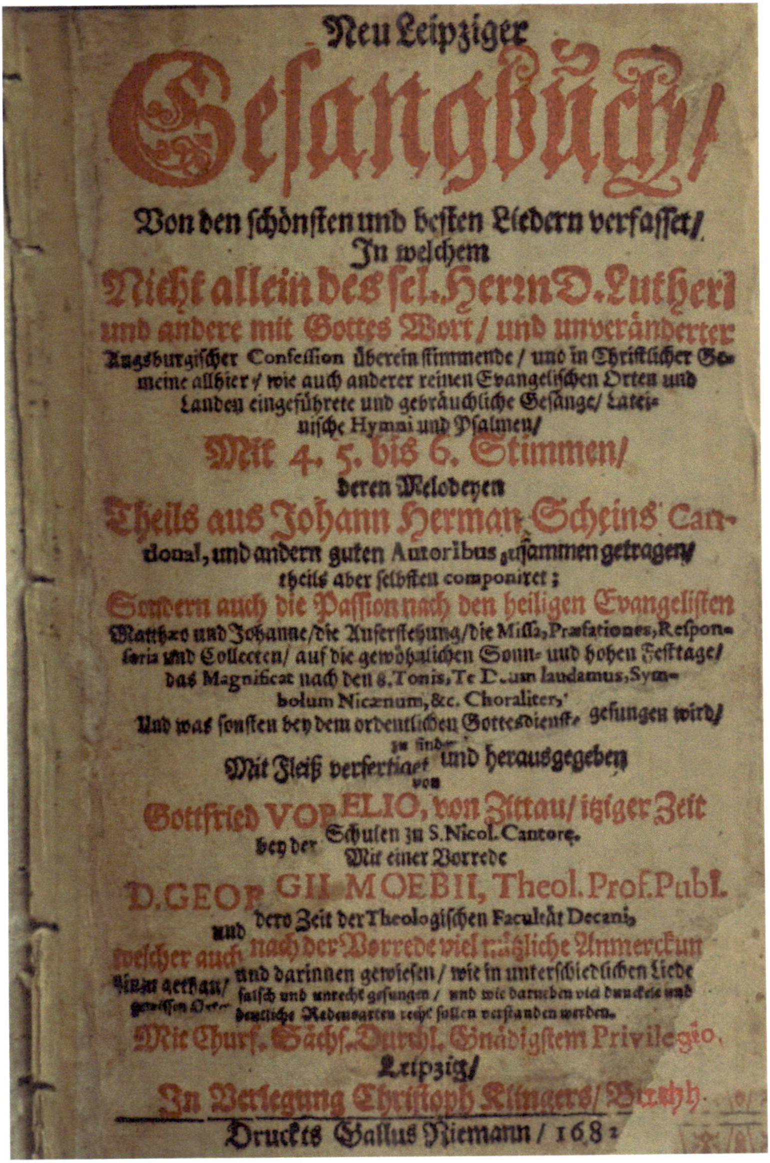
Neu Leipziger
Gesangbuch/
Von den schönsten und besten Liedern verfasset/
In welchem
Nicht allein des sel. Herrn D. Lutheri
und andere mit Gottes Wort/ und unveränderter
Augsburgischer Confession übereinstimmende/ und in Christlicher Gemeine allhier/ wie auch anderer reinen Evangelischen Orten und Landen eingeführete und gebräuchliche Gesänge/ Lateinische Hymni und Psalmen/
Mit 4. 5. bis 6. Stimmen/
deren Melodeyen
Theils aus Johann Herman Scheins Cantional, und andern guten Autoribus zusammen getragen/
theils aber selbsten componiret;
Sondern auch die Passion nach den heiligen Evangelisten
Matthæo und Johanne/ die Auferstehung/ die Missa, Præfationes, Responsoria und Collecten/ auf die gewöhnlichen Sonn- und hohen Festtage/ das Magnificat nach den 8. Tonis, Te Deum laudamus, Symbolum Nicænum, &c. Choraliter,
Und was sonsten bey dem ordentlichen Gottesdienste gesungen wird/ zu finden
Mit Fleiß verfertiget und herausgegeben von
Gottfried VOPELIO, von Zittau/ itziger Zeit bey der Schulen zu S. Nicol. Cantore.
Mit einer Vorrede
D. GEORGII MOEBII, Theol. Prof. Publ.
dero Zeit der Theologischen Facultät Decani,
und
welcher auch nach der Vorrede viel nützliche Anmerckungen hinzu gethan/ und darinnen gewiesen/ wie in unterschiedlichen Liedern gewissen Orten falsch und unrecht gesungen/ und wie daneben viel dunckele und deutliche Redensarten recht sollen verstanden werden.
Mit Churf. Sächs. Durchl. Gnädigstem Privilegio.
Leipzig/
In Verlegung Christoph Klingers/ Buchh.
Druckts Gallus Niemann/ 1682

Abb. 1: Gottfried Vopelius: *Neu Leipziger Gesangbuch*, Leipzig 1682, Titelblatt. Bayerische Staatsbibliothek München, 2 Hom. 304.

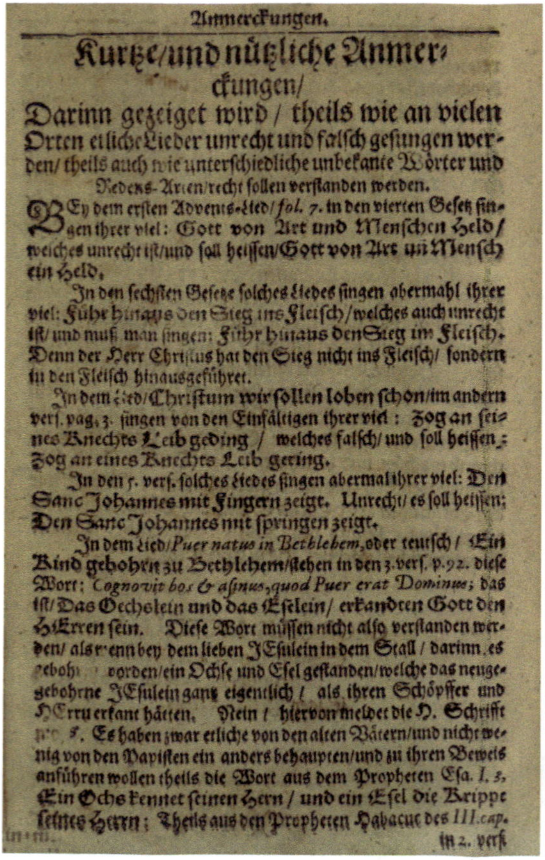

Anmerckungen.

Kurtze/und nützliche Anmer-
ckungen/
Darinn gezeiget wird / theils wie an vielen Orten etliche Lieder unrecht und falsch gesungen werden/ theils auch wie unterschiedliche unbekante Wörter und Redens-Arten/recht sollen verstanden werden.

BEy dem ersten Advents-Lied/ *fol. 7.* in den vierten Gesetz singen ihrer viel: Gott von Art und Menschen Held/ welches unrecht ist/und soll heissen/Gott von Art un Mensch ein Held.

In den sechsten Gesetze solches Liedes singen abermahl ihrer viel: Führ hinaus den Sieg ins Fleisch/welches auch unrecht ist/ und muß man singen: Führ hinaus den Sieg im Fleisch. Denn der Herr Christus hat den Sieg nicht ins Fleisch/ sondern in den Fleisch hinausgeführet.

In dem Lied/Christum wir sollen loben schon/im andern vers. pag. 3. singen von den Einfältigen ihrer viel: Zog an seines Knechts Leib geding / welches falsch/ und soll heissen: Zog an eines Knechts Leib gering.

In den 5. vers. solches Liedes singen abermal ihrer viel: Den Sanc Johannes mit Fingern zeigt. Unrecht/ es soll heissen: Den Sanc Johannes mit springen zeigt.

In dem Lied/ *Puer natus in Bethlehem*, oder teutsch / Ein Kind gebohren zu Bethlehem/stehen in den 3. vers. p. 92. diese Wort: *Cognovit bos & asinus, quod Puer erat Dominus*; das ist/ Das Oechslein und das Eselein/ erkandten Gott den HErren sein. Diese Wort müssen nicht also verstanden werden/ als wenn bey dem lieben JEsulein in dem Stall / darinn es gebohren worden/ein Ochse und Esel gestanden/welche das neugebohrne JEsulein gantz eigentlich / als ihren Schöpffer und HErrn erkant hätten. Nein / hiervon meldet die H. Schrifft [illegible]. Es haben zwar etliche von den alten Vätern/und nicht wenig von den Papisten ein anders behaupten/und zu ihren Beweis anführen wollen theils die Wort aus dem Propheten Esa. *I. 3.* Ein Ochs kennet seinen Hern / und ein Esel die Krippe seines Herrn; Theils aus den Propheten Habacuc des *III. cap.* im 2. vers.

Abb. 2: Gottfried Vopelius: *Neu Leipziger Gesangbuch*, Leipzig 1682, unpaginiert. Bayerische Staatsbibliothek München, 2 Hom. 304.

Johann Martin Schamels *Naumburgisches Gesang-Buch* von 1712 ist eine bedeutende Weiterentwicklung des glossierten Gesangbuchs. Schon auf dem Titelblatt ist davon die Rede, dass „durch und durch die Bibl. Texte, Erklärungen der frembden Wörter, nothwendige Prüffungen und andere erbauliche Anmerckungen angefüget“[8] worden seien.

8 Vgl. Abb. 3.

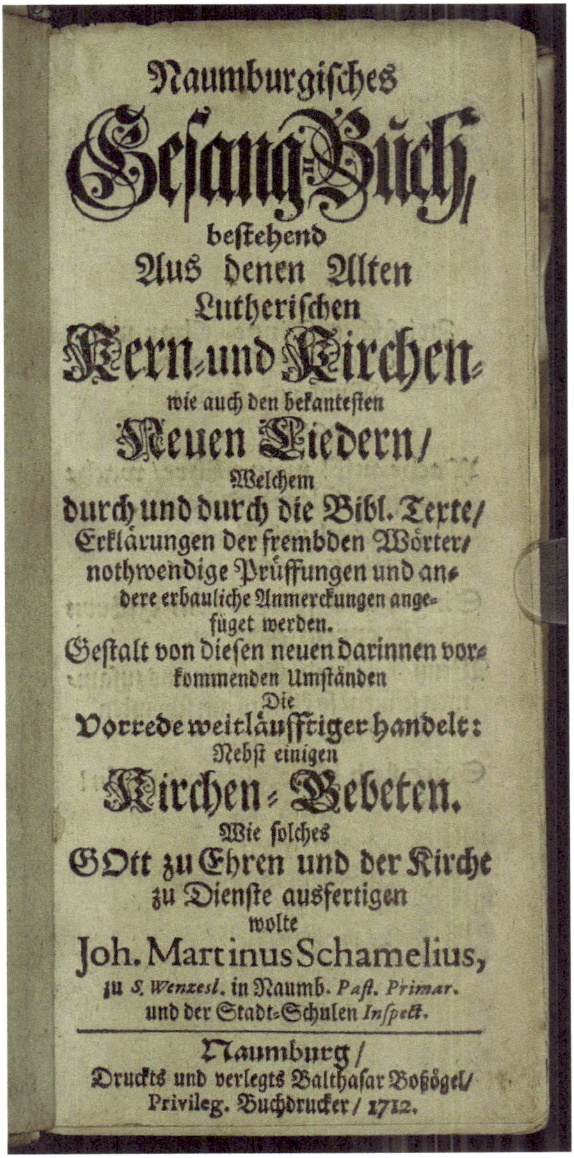

Naumburgisches
Gesang-Buch/
bestehend
Aus denen Alten
Lutherischen
Kern- und Kirchen-
wie auch den bekantesten
Neuen Liedern/
Welchem
durch und durch die Bibl. Texte/
Erklärungen der frembden Wörter/
nothwendige Prüffungen und an-
dere erbauliche Anmerckungen ange-
füget werden.
Gestalt von diesen neuen darinnen vor-
kommenden Umständen
Die
Vorrede weitläufftiger handelt:
Nebst einigen
Kirchen-Gebeten.
Wie solches
GOtt zu Ehren und der Kirche
zu Dienste ausfertigen
wolte
Joh. Martinus Schamelius,
zu *S. Wenzesl.* in Naumb. *Past. Primar.*
und der Stadt-Schulen *Inspect.*

Naumburg/
Druckts und verlegts Balthasar Boßögel/
Privileg. Buchdrucker/ 1712.

Abb. 3: Johann Martin Schamel: *Naumburgisches Gesang-Buch*, Naumburg 1712, Titelblatt. Niedersächsische Staats- und Universitätsbibliothek Göttingen, 8 H E RIT I, 12325.

In der Vorrede konstatiert Schamel, wohl auch mit Blick auf Gesangbücher wie das *Neu Leipziger Gesangbuch*:

> „Nun wäre zwar von der Eigenschafft, Krafft und Würckung der Lieder vieles zu erinnern: Dieweil aber meistentheils in den Vorreden der Gesangbücher davon gehandelt wird, so gefället mir wohl, was die Vorrede über das Gothaische Gesangbuch gewünschet hat: Daß, um vieler in solchen Vorreden vorkommenden heilsamen Erinnerungen willen jemand dieselbige (zumahl wenn sie selbst von einer Theologischen Facultät geschrieben seyen) in ein eigenes Werckgen drücken und zusammen bringen möchte!‘“[9]

Das Zitat aus dem *Gothaischen Gesangbuch* ist eine Selbstlegitimation, denn Schamel platziert die Anmerkungen nicht in das Vorwort, sondern setzt sie direkt unter die Liedstrophen, wodurch sie viel präsenter sind. Die Glossierungen zu Beginn des exemplarisch herausgegriffenen Liedes „Herr Christ, der einige Gottes Sohn“ vermitteln einen Eindruck von dem Anmerkungsapparat (Abb. 4).

9 Johann Martin Schamel: *Naumburgisches Gesang-Buch*, Naumburg 1712, S. 7.

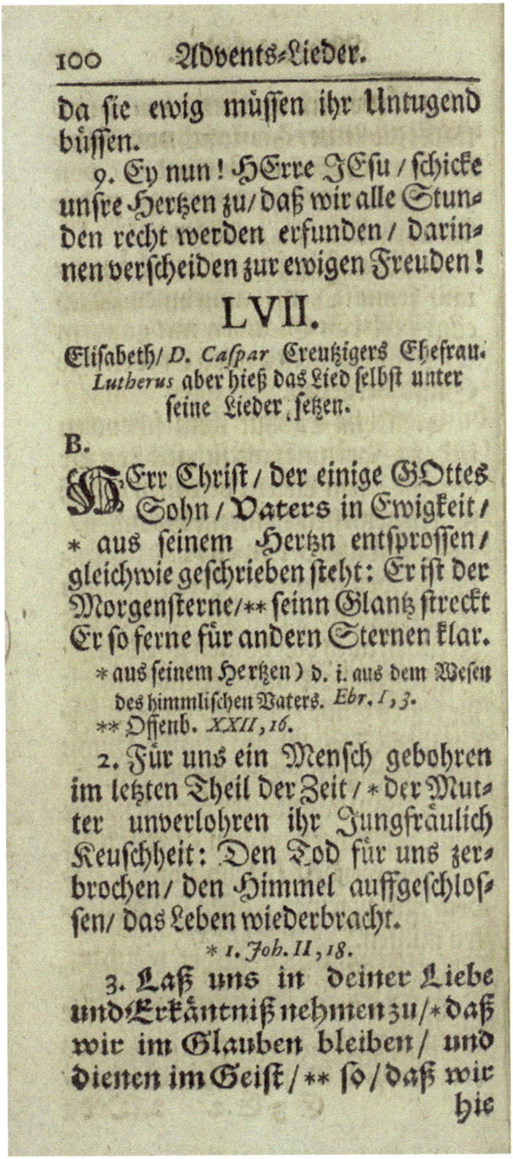

100 Advents-Lieder.

da sie ewig müssen ihr Untugend büssen.

9. Ey nun! HErre JEsu / schicke unsre Hertzen zu / daß wir alle Stunden recht werden erfunden / darinnen verscheiden zur ewigen Freuden!

LVII.

Elisabeth / *D. Caspar* Creutzigers Ehefrau. *Lutherus* aber hieß das Lied selbst unter seine Lieder setzen.

B.

HErr Christ / der einige GOttes Sohn / Vaters in Ewigkeit / * aus seinem Hertzn entsprossen / gleichwie geschrieben steht: Er ist der Morgensterne / ** seinn Glantz streckt Er so ferne für andern Sternen klar.

* aus seinem Hertzen) d. i. aus dem Wesen des himmlischen Vaters. *Ebr. I, 3.*
** Offenb. *XXII, 16.*

2. Für uns ein Mensch gebohren im letzten Theil der Zeit / * der Mutter unverlohren ihr Jungfräulich Keuschheit: Den Tod für uns zerbrochen / den Himmel auffgeschlossen / das Leben wiederbracht.

* *1. Joh. II, 18.*

3. Laß uns in deiner Liebe und Erkäntniß nehmen zu / * daß wir im Glauben bleiben / und dienen im Geist / ** so / daß wir hie

Abb. 4: Johann Martin Schamel: *Naumburgisches Gesang-Buch*, Naumburg 1712, S. 100. Niedersächsische Staats- und Universitätsbibliothek Göttingen, 8 H E RIT I, 12325.

Schamels Gesangbuch und seine Art, Glossierungen vorzunehmen, bekam Modellcharakter. Spätere Autoren beziehen sich explizit auf die Arbeit des Naumburger Hymnologen. Michael Lilienthal etwa erwähnt in seinem glossierten Gesangbuch *Des Singens vernünftiger Gottesdienst* von 1723 „insonderheit [...] dem [...] Naumburgischen Oberpfarrern Tit. Herrn Schammelio schuldig zu seyn".[10] Johann Jacob Gottschaldt (1688–1759) bezieht sich in seinem *Ertzgebürgischen Gesang-Buch* von 1728 – ein Gesangbuch „mit kurtzen Anmerckungen und richtigen Autoribus"[11] – auch anerkennend auf Schamel, wenn er schreibt, dass ihm „die kurtzen Erweckungen, so sich bey unterschiedenen Liedern in des Hochverdienten Herrn Schamelii Gesang-Buch befinden, sehr wohl gefallen"[12] hätten.

1.1.2 Liedkommentare

Steht beim glossierten Gesangbuch immer noch der Abdruck der Lieder, nicht zuletzt auch quantitativ, im Vordergrund, sind es bei den Liedkommentaren die teils umfangreichen Erklärungen ausgewählter Lieder. Der erste umfangreiche Liedkommentar aus der Blütezeit hymnologischer Publikationen in der ersten Hälfte des 18. Jahrhunderts, ist der *Evangelische Lieder-Schatz* von Johann Christoph Olearius, welcher in vier Teilen von 1705 bis 1707 in Jena erschien. Am Ende dieser Periode steht die *Ausführliche Lieder-Erklärung* von Gabriel Wimmer von 1749, die an Umfang von keinem anderen Liedkommentar dieser Zeit übertroffen wird. Wimmers *Liedererklärung* – gerade weil sie am Ende einer Entwicklung steht und alle Einflüsse der Hymnologie voriger Jahrzehnte aufgreift – ist ein Musterbeispiel für diese Gattung. Die „posthum erschienene *Ausführliche Lieder-Erklärung* 1749 von Gabriel Wimmer ist das letzte große Werk des 18. Jhds., das wie in einem Sammelbecken, darin dem *Evangelischen Lieder-Schatz* von J. C. Olearius ähnlich, alle Traditionsströme

10 Michael Lilienthal: *Des Singens vernünftiger Gottes-Dienst*, Königsberg 1723, Vorrede, S. XXVII.

11 Johann Jacob Gottschaldt: *Ertzgebürgisches Gesang-Buch*, Schneeberg 1728, Titelblatt.

12 Ebd., Vorrede, unpaginiert.

der Forschungsweise in sich aufnahm.“[13] Dies macht sich schon dadurch bemerkbar, dass dieses Werk – wie typisch für die Gattung der Liedkommentare – vor allem „die ältesten und gewöhnlichsten Gesänge der Evangelisch-Lutherischen Kirche“[14] erklärt.

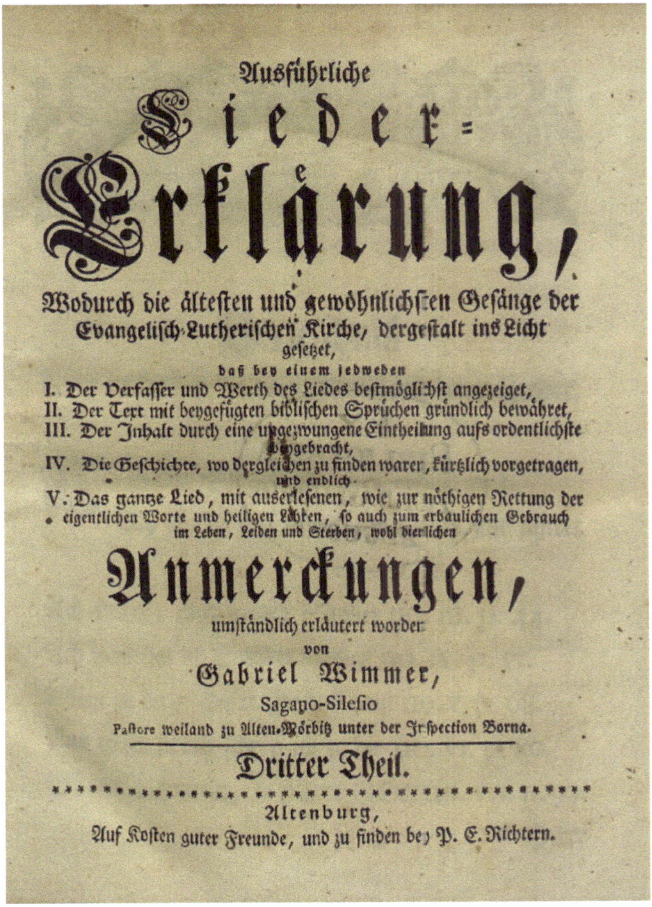

Ausführliche
Lieder-
Erklärung,
Wodurch die ältesten und gewöhnlichsten Gesänge der Evangelisch-Lutherischen Kirche, dergestalt ins Licht gesetzet,
daß bey einem jedweden
I. Der Verfasser und Werth des Liedes bestmöglichst angezeiget,
II. Der Text mit beygefügten biblischen Sprüchen gründlich bewähret,
III. Der Inhalt durch eine ungezwungene Eintheilung aufs ordentlichste beygebracht,
IV. Die Geschichte, wo dergleichen zu finden waren, kürtzlich vorgetragen,
und endlich
V. Das gantze Lied, mit auserlesenen, wie zur nöthigen Rettung der eigentlichen Worte und heiligen Lehren, so auch zum erbaulichen Gebrauch im Leben, Leiden und Sterben, wohl dienlichen
Anmerckungen,
umständlich erläutert worden
von
Gabriel Wimmer,
Sagapo-Silesio
Pastore weiland zu Alten-Mörbitz unter der Inspection Borna.
Dritter Theil.
Altenburg,
Auf Kosten guter Freunde, und zu finden bey P. E. Richtern.

Abb. 5: Gabriel Wimmer: Ausführliche Lieder-Erklärung, Bd. 3, Altenburg 1749, Titelblatt.

13 Rößler, „Frühzeit“, S. 151.

14 Vgl. Abb. 5 und das Kap. 1.2 *Intentionen.*

Auch die fünf Leitlinien auf dem Titelblatt, unter denen Gabriel Wimmer die Lieder zu erklären verspricht, geben einen guten Einblick in das systematische Vorgehen der Verfasser von Liedkommentaren in dieser Zeit. Diese Leitlinien seien der Anschaulichkeit halber mit praktischen Beispielen aus dem Werk illustriert.[15] Der erste Punkt, die Angabe von „Verfasser und Wert" des Liedes, wird im Kontext der lutherischen Spätorthodoxie verständlich: Für die Verfasser der Liedkommentare – allesamt Lutheraner – war es nicht unerheblich, ob die Verfasser der Lieder „rechtschaffen" und damit die Lieder selbst „unverdächtig" waren. So findet sich beispielsweise unter „Verfasser" zu dem Lied „Gelobet seist du, Jesu Christ" unverkennbar konfessionelle Polemik, wie sie, auf allen Seiten, damals üblich war. Zu den vorreformatorischen Wurzeln des Liedes und Martin Luthers Bearbeitung heißt es:

> „Unser herzwerther Lutherus, welcher zwar auch dergleichen Lied im Pabstthum gefunden, so aber viel abgöttisches bey sich geführet, daher er lieber dieses aufsetzen, als jenes ändern wollen. Carpzov. Lieder-Pr. I. p. 735. Wie denn auch Herr Olearius bezeuget, daß von dem vorigen alten Liede Lutherus nichts als die Melodie und die erste Strophe behalten. Lieder-Schatz P. I. p. 25. So daß man es gar wohl vor Lutheri eigenes Lied kann paßiren lassen."[16]

Mit dem zweiten Punkt, dem „Bewähren" durch biblische Sprüche ist das Belegen vermeintlich biblischer bzw. von der Bibel inspirierter Poesie in den Lieddichtungen gemeint. Ist dies bei Autoren vor Gabriel Wimmer zwar auch immer intendiert, aber nur partiell durchgeführt worden, werden hier nun für jeden Vers, ja beinahe für jedes Wort der Lieder, Stellen der Heiligen Schrift angeführt. Allein für die erste Strophe des Liedes „Gelobet seist du, Jesu Christ" führt Wimmer Fußnoten zu neun Bibelstellen an:[17]

15 Vgl. zu den folgenden Ausführungen, sie sich primär dem typischen Aufbau eines Liedkommentars widmen, auch das Kap. 1.2 *Intentionen*, in welchem detaillierter die Beweggründe für dieses Vorgehen in der Hymnologie der Bachzeit beleuchtet werden.

16 Gabriel Wimmer, *Ausführliche Lieder-Erklärung*, Altenburg 1749, Bd. 1, S. 101.

17 Ebd.

v. I. Gelobet a) seyst du, Jesu Christ b), daß du Mensch gebohren bist, von einer Jungfrau c) das ist wahr d), des freuet sich der Engel Schaar e). Kyrieleiß.

a) Luc. 1, 68. Gelobet sey der HErr der GOtt etc. 1 Kön. 8, 56. 1 Chron. 30, 11 Ps. 34,2.
b) Röm. 9,5. Christus – gelobet in Ewigkeit.
c) Es. 7,14 Siehe, eine Jungfrau etc.
d) 1 Tim. 1, 15. Das ist je gewißlich wahr.
e) 1 Petr. 1, 12. Welches auch die Engel gelüstet etc. Luc. 2, 14.

Wimmer unterteilt das Lied – das ist der dritte Punkt, auf den auf dem Titelblatt verwiesen wird – in drei Abschnitte: Das Lied rede von dem „wunderbaren Gott-Mensch", „I. In seiner wunderbaren Geburt" (Strophe 1–2), „II. In seiner wunderbaren Erniedrigung" und „III. In seinen wunderbaren Wohlthaten".[18] Der vierte Punkt, „Die Geschichte", ist keine historische Abhandlung nach historisch-kritischen Gesichtspunkten, sondern das Weitertradieren „erbaulicher" und „tröstlicher" Anekdoten, die Gläubigen eine vorbildhafte Wirkung der Lieder vor Augen führen sollte:

> „Christian Knesebeck, ein Raths-Kämmerer zu Rostock, und 82 jähriger Mann, war 10. Jahr lang taub gewesen, als aber A. 1703 am heiligen Weyhnacht-Abend sein Weib und Tochter diß Lied zu singen anfingen: Gelobet seyst du, JEsu Christ! wurden seine Ohren geöfnet, daß er mit sung und fortfuhr: Daß du Mensch, gebohren bist, worüber grosse Freude entstund. Herr Olearius I. c. P. I. p. 27. machet hierbey dieses seine morale: Wohl allen, die jedesmahl GOttes geistliche und leibliche Wohlthaten können auch gerne wollen hören und preisen."[19]

Die „Anmerkungen", fünfter und letzter Punkt, lassen Raum für vielerlei Dinge. Theologisch strittige oder sprachlich unklare Stellen der Lieder – „dunkle Redensarten", wie es in der Zeit häufig heißt – werden hier vorzugsweise be-

18 Ebd. S. 103 f.

19 Ebd. S. 104.

sprochen. Aus dem exemplarisch herausgegriffenen Lied „Gelobet seist du, Jesu Christ" findet sich zu den Worten „Von einer Jungfrau, das ist wahr" der ersten Strophe:

> „Von einer Jungfrau, das ist wahr.) Ob gleich Maria, die Mutter des HErrn, mit dem Joseph gewöhnlicher massen getrauet worden, Luc. 2,27. beyde bey einander beständig gelebet, Matth. I, 20. das Kind JEsum erzogen, Luc. 2,51. auch von andern für Eheleute erkannt worden, Matth. 13,55. so war doch solches eine ausserordentliche Ehe, in welcher sie niehmals, in eigentlichem Verstande, einander ehelich beygewohnet. Indessen ist dadurch den Feinden des HErrn Christi die Gelegenheit benommen worden, ihn eines unehelichen Herkommens zu beschuldigen. Von dieser Materie hat. M. Chrysander eine öffentliche Disputation unter dem Titul: De Connubio Josephi ac Mariae vero, in dem 1743sten Jahre zu Helmstädt gehalten."[20]

Ein weiterer wichtiger Liedkommentar zwischen dem Pionierwerk von Johann Christoph Olearius, dem *Evangelischen Lieder-Schatz*, und der *Ausführlichen Lieder-Erklärung* Gabriel Wimmers von 1749 ist der *Evangelische Lieder-Schatz oder Glossirtes grosses Würtembergisches Gesang-Buch* von Johann Christoph Bilhuber (1702–1762), welches von 1730–1734 in drei umfangreichen Bänden erschien. Das Werk kommentiert in einer vergleichbaren Form wie bei Wimmer die Lieder, versieht sie mit Anmerkungen und biblischen Sprüchen, enthält jedoch keine Dispositionen und verzichtet auf die Angaben der Autoren.

1.1.3 Liedpredigten

Von allen kommentierenden hymnologischen Quellen der Frühen Neuzeit dürfte die Gattung Liedpredigt in der Musikwissenschaft – und speziell in der Bachforschung – am bekanntesten sein. Über die Details der Zusammenarbeit des Thomaskantors Johann Schelle (1648–1701) und des Leipziger Theologen

20 Ebd. S. 104 f.

und Pastors an der Thomaskirche, Johann Benedict Carpzov (1639–1699), ist man mittlerweile gut unterrichtet. Letzterer hielt 1689/90 einen Jahrgang von Liedpredigten, die mit der Musik des Thomaskantors abgestimmt waren und gerade mit Blick auf die liturgischen und organisatorischen Hintergründe des Choralkantatenjahrgangs Johann Sebastian Bachs von 1724/25 von Interesse erscheint.[21] Doch wie sehen Liedpredigten gegen Ende 17. Jahrhunderts und auch noch in der ersten Hälfte des 18. Jahrhunderts eigentlich aus? Das Titelblatt der gedruckten Liedpredigten von Johann Benedict Carpzov weist schont auf eine wichtige Eigenschaft dieser *Lehr- und Lieder-Predigten* hin, wenn erwähnt wird, dass „im Eingange ein gut Lutherisch Lied richtig eingetheilet und erkläret"[22] wird (Abb. 6).

21 Markus Rathey: „The chorale cantata in Leipzig. The collaboration between Schelle and Carpzov in 1689–1690 and Bach's chorale cantata cycle", in: *Bach. The journal of the Riemenschneider Bach Institute*, Bd. 43, 2012, S. 46–92. Vgl auch den Abschnitt *Leipzig 1724* in dem Kap. 2 *Bach und die Hymnologie seiner Zeit* in vorliegender Arbeit.

22 Vgl. die nachfolgende Abbildung.

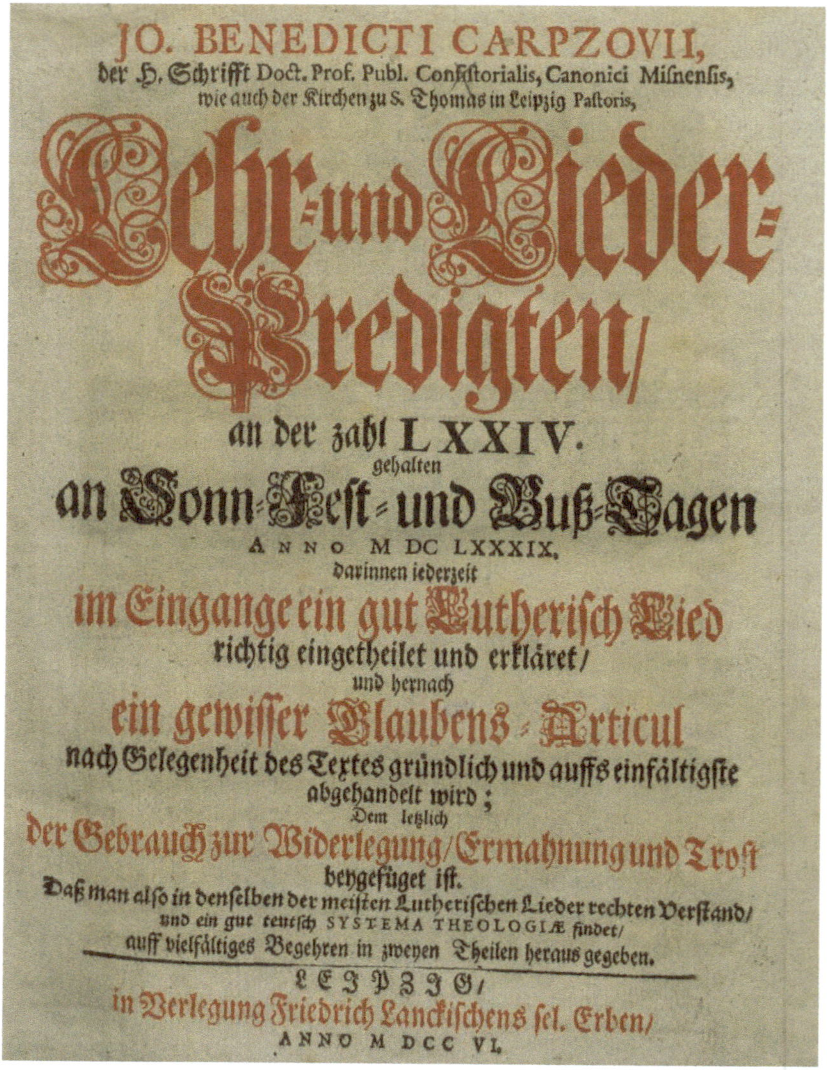
JO. BENEDICTI CARPZOVII,
der H. Schrifft Doct. Prof. Publ. Consistorialis, Canonici Misnensis,
wie auch der Kirchen zu S. Thomas in Leipzig Pastoris,
Lehr- und Lieder-Predigten/
an der zahl LXXIV.
gehalten
an Sonn- Fest- und Buß-Tagen
ANNO M DC LXXXIX,
darinnen iederzeit
im Eingange ein gut Lutherisch Lied
richtig eingetheilet und erkläret/
und hernach
ein gewisser Glaubens-Articul
nach Gelegenheit des Textes gründlich und auffs einfältigste
abgehandelt wird;
Dem letzlich
der Gebrauch zur Widerlegung/Ermahnung und Trost
beygefüget ist.
Daß man also in denselben der meisten Lutherischen Lieder rechten Verstand/
und ein gut teutsch SYSTEMA THEOLOGIÆ findet/
auff vielfältiges Begehren in zweyen Theilen heraus gegeben.
LEIPZIG/
in Verlegung Friedrich Lanckischens sel. Erben/
ANNO M DCC VI.

Abb. 6: Johann Benedict Carpzov: *Lehr- und Liedepredigten*, Leipzig 1706, Titelblatt.

Die Methode, die Lieder im Eingang, also in den Exordien der Predigten, abzuhandeln, kann – mit den Worten von Martin Rößler – als „Kurzauslegung" beschrieben werden:

> „Wem […] das Zitieren zu wenig, das Exegesieren aber zu weitschweifig erschien, dem bot sich das Exordium als willkommene Kurzauslegung an: 10 Minuten einer langen Predigt oder 2–4 Quartseiten im Druck wollte man gern auf das Lied verwenden. In dieser Gestalt zog die Liedauslegung, die bisher im Früh-, Katechismus-, Wochen- und Kasualgottesdienst beheimatet war, in den Hauptgottesdienst des Sonntagmorgens ein."[23]

Damit ist exakt das Verfahren umschrieben, wie auch Carpzov in seinen sogenannten Liedpredigten verfährt, die nur in einem relativ kurzen Exordium ein paar Gedanken zu den Liedern entwickeln, die zu dem jeweiligen Sonntag des Kirchenjahres passen bzw. vorgesehen sind. Als Einschränkung bleibt freilich hinzuzufügen, wie schon Johann Christoph Olearius dies zu Beginn des 18. Jahrhunderts anmerkte[24], dass die Liedpredigten recht frei die Lieddichtungen behandeln und somit nicht alle Wörter, Redewendungen und vermeintliche Bibelbezüge in der Dichte, wie in Liedkommentaren zu finden, leisten können. Diese beliebte Predigtgattung vermittelt dennoch teils interessante Einblicke in die zeittypische Auslegung der Lieder und in die Bezüge, welche zu den Sonntagsevangelien hergestellt wurden. Beispielhaft seien neben Johann Benedict Carpzov noch Georg Walch (1656–1722) und Erdmann Neumeister (1671–1756) angeführt. Georg Walch, Generalsuperintendent

23 Martin Rößler: *Die Liedpredigt. Geschichte einer Predigtgattung*, Göttingen 1976, S. 212. Wer von den hymnologischen Quellen herkommend, das Referenzwerk von Martin Rössler aufschlägt, wird irritiert sein: Anders als Zeitgenossen um 1700, macht Rössler keinen Unterschied zwischen den verschiedenen Typen von hymnologischen Quellen und verwendet den Begriff „Liedpredigt" als „einprägsame Abbreviatur für Liedauslegungen" (Rößler, *Liedpredigt*, S. 7) – also für alle Quellen vom glossierten Gesangbuch bis zur Liedpredigt. Das vorliegende Kapitel bemühte sich demgegenüber um eine Binnengliederung der hymnologischen Quellen, da gerade die Liedpredigt sich von glossierten Gesangbüchern und Liedkommentaren unterscheidet.

24 Vgl. Fußnote 5.

der Residenzstadt Meiningen, hielt 1708 einen Jahrgang von Liedpredigten in seiner Gemeinde und veröffentlichte diese 1714 unter dem Titel *Evangelische Lieder-Betrachtungen*, in denen „im Eingang ein geistreiches Lied“ erklärt wurde. Der profilierte orthodoxe Theologe und Pionier geistlicher Kantaten, Erdmann Neumeister, ab 1715 Hauptpastor an der Jacobikirche in Hamburg, publizierte zwei Bände mit Liedpredigten: Der *Tisch des Herrn* von 1722 und das *Wasserbad im Worte* von 1731.[25] Gegen Mitte des 18. Jahrhunderts kommt die Produktion aller Arten hymnologischer Publikationen immer mehr zum Erliegen. Zu denken gibt, dass zugleich die Epoche des Barock und das Zeitalter der lutherischen Spätorthodoxie sich ihrem Ende zuneigen.

1.2 Intentionen

Das Phänomen lässt sich präzise beschreiben: Ende des 17. Jahrhunderts bricht sich eine Entwicklung Bahn, die Texte der Kirchenlieder intensiv und in ganz neuer Form zu untersuchen. Ein lebhafter Austausch unter protestantischen Geistlichen über die Liedautoren und den Sinn strittiger Passagen in den Liedern findet statt und mündet schließlich in eine umfangreiche Publikationstätigkeit, die gegen Mitte des 18. Jahrhunderts zum Erliegen kommt. Doch warum kommt es dazu? Warum gerade in dieser Zeit? Warum bleibt dies ein protestantisches Phänomen? Zur Orientierung sei eine These vorangestellt, die im Folgenden belegt und präzisiert werden soll: *Die Hymnologie dieser Zeit ist primär eine Folge bzw. Ausprägung der lutherischen Spätorthodoxie.*[26] Die lutherische Spätorthodoxie lässt sich etwa auf die Zeit von 1675–1740 datieren und entspricht damit exakt der Lebensdauer jener von Rößler „Frühzeit hymnologischer Forschung“ genannten Periode. Alles, was typischerweise der lutheri-

25 Johann Sebastian Bach besaß diese beiden Predigtbände. Vgl. hierzu Kap. 2 *Bach und die Hymnologie seiner Zeit.*

26 Martin Rößler bezeichnet diese Hymnologie als „Wirkung der Orthodoxie“, welche „wissenschaftlicher Forschung“ näher gekommen sei, als bisher angenommen. (Vgl. Rößler, „Frühzeit“, S. 124f.) Die Hymnologie der Bachzeit mit „wissenschaftlicher Forschung“ in Verbindung zu bringen, muss kritisch gesehen werden, was in den Ausführungen dieses Kapitels deutlich werden sollte.

schen Orthodoxie zugeschrieben wird, findet sich in den selbstlegitimierenden Vorreden der Autoren hymnologischer Quellen und deren Ausführungen in der Kommentierung der Lieder.

Ein essentielles Spezifikum der Spätorthodoxie, von dem nicht zuletzt auch der scharfe Gegensatz zu der allmählich aufkommenden Aufklärungstheologie vor Augen geführt werden kann, ist nach wie vor die Rolle der Bibel und deren apriorische unbedingte Autorität.[27] Entwickelt sich die aufkommende Aufklärungstheologie, zunächst als Übergangsphase,[28] hin zu einer konsequenten *historisch-kritischen* Bibelforschung, findet sich in den Schriften der Hymnologen hiervon noch kein Niederschlag. Ja, man ist eher versucht zu sagen: Die Auslegung der Lieder muten wie Lehrbeispiele für die ungebrochene Lebendigkeit des lutherischen Schriftprinzips in der ersten Hälfte des 18. Jahrhunderts an. Dieses Schriftprinzip ist dezidiert nicht historisch-kritisch. Wenn laut Definition „die Schrift [...] keiner außer ihrer selbst liegenden Fakten zur Erklärung [...] [braucht][und] die dunkleren Stellen [...] ihr Licht von von helleren [erhalten]"[29], ist damit eine Grundannahme formuliert, auf der die Liedauslegung zur Zeit Bachs fußt. Die Annahme, dass das Schriftprinzip, dass sich von der Schrift inspirieren lassen, leitend für das Verfassen von adäquaten Kirchenliedern sei, wird von Johann Martin Schamel unmissverständlich formuliert. Schamel unterscheidet daher „sinnreiche" und „geistreiche" Lieder.[30] Seien für sinnreiche Lieder „der natürliche Sinn, Esprit oder Ingenium, Klang und Gehöre"[31] ausreichend, gehöre zum Verfassen geistreicher Lieder vor allem:

> „eine gründliche Erkäntniß der Heiligen Schrift und der gantzen Theologie, vor allen aber die geistliche Salbung oder eine sonderbahre Gabe des Heiligen Geistes, daferne so ein Gesang, vermittelst der göttlichen

27 Markus Matthias: Art. „Orthodoxie, Lutherische Orthodoxie", in: *Theologische Realenzyklopädie*, Bd. 25, S. 464–485, hier: S. 477.

28 Albrecht Beutel: Art. „Aufklärung, Theologisch-kirchlich", in: *Religion in Geschichte und Gegenwart4*, Bd. 1, Sp. 941–948, hier: Sp. 945.

29 Matthias, „Orthodoxie", S. 477.

30 Johann Martin Schamel: *Evangelischer Lieder-Commentarius*, Leipzig 1724, Bd. 1, S. 12.

31 Ebd.

aus dem Worte GOttes genommenen Redens-Arten, die Krafft haben soll zu bauen und zu bewegen."[32]

Aus dieser Annahme, dieser Überzeugung, ergibt sich für Schamel und die hymnologisch tätigen Geistlichen der Zeit ganz natürlich das Verfahren, Strophen, Verse, aber auch Einzelwörter der Lieder mit Schriftstellen zu glossieren. Denn es bestand kein Zweifel, dass zumindest die besonders „geistreichen" Lieder nichts weniger als „Gottes Wort" selbst sind:

> „Wenn sich die Lieder auf die Heilige Schrifft beruffen, werden durch und durch die Stellen und auch sonst angezeiget, damit sie können nachgeschlagen, und daß die Lieder GOttes Wort seyn, erkannt werden."[33]

Und dass „unsere Evangelische[n] Gesänge, in so fern sie aus der Heil. Schrifft genommen sind, als GOttes Wort angesehen werden können"[34] schreibt auch Johann Christoph Bilhuber in der Vorrede des 1730 erschienenen ersten Band seines *Evangelische Lieder-Schatzes*. Ein für seine Zeit noch bemerkenswert polemisches Zitat Gabriel Wimmers – es stammt aus den 1740er-Jahren – geht sogar noch etwas weiter, wenn nicht nur von einer partiellen, sondern gar einer „völligen Übereinstimmung" von Liedern und Heiliger Schrift die Rede ist:

> „Wie nun die Papisten, nächst denen aus gefährlichen Absichten entlehnten Gesängen, ihre eigene, und mit einem starcken Seelen-Gift versetzte Lieder haben, also werden auch bey andern irrigen Gemeinden zwar Gesänge, aber, als ein Mischmasch des Wahren und Falschen, des Eisens und Thons, wie an denen Füssen jenes Colossi [Daniel 2, 33], von keiner Evangelischen Lauterkeit angetroffen. Diesen nun, und allen andern, auch fanatischen Liedern, welche in manchen Gesang-

32 Ebd. S. 13.

33 Ebd. S. 19.

34 Johann Christoph Bilhuber: *Evangelischer Lieder-Schatz, oder, Glossirtes grosses, Würtembergisches, Gesang-Buch*, Bd. 1, Tübingen 1730, S. 18.

> Büchern, seit fünfzig Jahren her und drüber, mit untermenget worden, werden die allhier erklärten Gesänge, um der völligen Uebereinstimmung willen, welche sie mit dem heiligen Wort und Evangelio haben […] entgegen gesetzet."[35]

Die zumindest partielle Ineinssetzung von Lied und Heiliger Schrift lässt erahnen, wie „Hymnologie" eine heilsgeschichtliche Dimension bekommt. Vor diesem Hintergrund ist „hymnologische Forschung" oder auch nur „Hymnologie" in dieser Zeit immer in Anführungszeichen gesetzt zu denken, da primär andere Beweggründe als jene vorurteilsfreien Forschens und der Drang nach Erkenntnisgewinn handlungsleitend waren. Das Zitieren von Schriftstellen in den Liederkommentaren zeigt nicht *wie es eigentlich gewesen*, sondern vielmehr, woran *man eigentlich geglaubt* hat.

Neben der ungebrochenen Lebendigkeit des Schriftprinzips lässt sich als zweite Intention der Hymnologie in der ersten Hälfte des 18. Jahrhunderts die „Reinhaltung" der Amtskirche vor „irrigen" Lehren feststellen, wie dies im Zitat Wimmers auch schon deutlich zum Ausdruck gekommen ist. Darauf zielt unter anderem das auf den Titelblättern immer wieder anzutreffende Insistieren auf Angabe der Autoren der Lieder, oder, wie es Gabriel Wimmer im Titel seiner *Liedererklärung* formuliert: „Verfasser und Werth des Liedes [werden] bestmöglichst angezeiget."[36] Johann Christoph Olearius formuliert dies in der Vorrede seines 1707 abgeschlossenen *Liederschatzes* so:

> „Ich habe mich hierinn insonderheit bemühet, eines jeden Liedes wahren Autorem zu untersuchen, weil daran gar viel gelegen, ungeachtet es wenige aestimiren, noch verstehen. Ich halte es für eines unvorsichtigen, faulen, neidischen oder undanckbaren Gemüthes Kennzeichen, wenn man den Autorem nicht erforschen, wissen noch nennen will."[37]

35 Wimmer, *Lieder-Erklärung*, Bd. 1, Vorrede, unpaginiert. An späterer Stelle der Vorrede argumentiert Wimmer durchaus für die Annahme neuerer Lieder in der Kirche, sofern sie denn auch „schriftmäßig" seien.

36 Gabriel Wimmer: *Ausführliche Liedererklärung*, Bd. 3, Altenburg 1749, Titelblatt.

37 Olearius, *Lieder-Schatz*, Bd. 1, Vorrede, unpaginiert.

Wen Olearius hier angreift oder durch wen er sich in seinen Bemühungen um die „wahren Autoren“ angegriffen fühlt, lässt sich nicht bestimmen. Deutlich wird jedoch durch sein Vokabular – „viel daran gelegen“, „unvorsichtig“ –, wie essentiell es erschien, den Verfasser der Lieder zu kennen. Noch etwas deutlicher wird Johann Martin Schamel in der Vorrede zu seinem Naumburgischen Glossierten Gesangbuch, welche er seinem dann erweiterten *Evangelischen Lieder-Commentarius* von 1724 wieder voranstellte. Der Naumburger Hymnologe beklagt, dass „zu unsern Zeiten“ immer mehr neue Lieder eingeführt werden und wünscht sich: „Der liebe GOTT verhüte es, daß nicht etwa mit solchen neueren Liedern zugleich neue und gefährliche Meynungen in die Hertzen mit einschleichen!“[38] Die alten Lieder aus der Zeit der Reformation werden im Regelfall günstiger bewertet als die neueren Lieder. Letzteren wird eher zugetraut „Irrlehren“ zu verbreiten.

Eine dritte Intention der „Frühzeit hymnologischer Forschung“, welche auf den ersten Blick auch aufklärerisches Potenzial birgt und mit typischen Vokabeln der Aufklärung zu operieren scheint, ist die laientaugliche Erklärung fremder oder altertümlicher Wörter und Redensarten. Von „dunklen und anstößigen Redensarten“[39] wird berichtet, die „vornehmlich ein Einfältiger, der offt nicht verstehet, was er singt“[40] verstehen soll und daher erklärungsbedürftig sind. Dass aber auch bei dieser Intention heilsgeschichtliche und polemische Aspekte mit ursächlich waren, wird schnell deutlich. Georg Walch klagt 1714 in seinem *Evangelischen Lieder-Betrachtungen*, dem verschriftlichten Liedpredigtjahrgang aus Meiningen von 1708, wie „viele, ja die meisten die Lieder singen, wie die Nonnen den lateinischen Psalter, und keinen Verstand davon haben“ und er daher den „richtigen Verstand“ in seinen Predigten vortragen möchte.[41] Die zur Abschreckung dienende Formulierung von den „Nonnen“ und ihrem „lateinischen Psalter“ hat Anklang gefunden. In der zu David Heermanns *Erklärtem Lieder-Schatz* von 1722 vorangestellten Vorrede des Görlitzer Pfarrers Johann Samuel Laurentius wird diese in die Reflexionen

38 Schamel, *Lieder-Commentarius*, S. 34.

39 Bilhuber, *Lieder-Schatz*, Bd. 1, Titelblatt.

40 David Heermann: *Erklärter Lieder-Schatz oder Gesangbuch*, Görlitz und Zittau 1722, Titelblatt.

41 Georg Walch: *Evangelische Lieder-Betrachtungen*, Jena 1714, S. 1.

über den Wert der Erklärungen „alter Wörter und Redens-Arten" wieder mit eingeflochten:

> „Viele verstehen wohl ihre Profession und Handthierung, aber nicht den rechten Grund ihres Glaubens: nicht die alten und in Liedern offt vorkommende Wörter und Redens-Arten: auch nicht die Geheimnisse des Glaubens, die auch in den schönsten Liedern fürgetragen werden, und was dessen mehr seyn mag. Daher manch sehr schönes Lied von gar vielen nicht viel besser, als der lateinische Psalter von den Nonnen im Pabstthum mag gesungen werden."[42]

Durch die Abgrenzung zur katholischen Kirche, zum „Pabstthum", wird Identität geschaffen – unter der Annahme dem „rechten Verstand" zu folgen. Und in dieser Hinsicht gibt man sich durchaus skrupulös. So kann Johann Christoph Bilhuber daher auch berichten, er habe „wahrgenommen, daß man vielfältig sich nur berede, man habe schon den wahren und klaren Verstand dieser oder jener Stelle, da man doch nichts weniger hat."[43] Um sich ein Bild davon zu machen, welche Redewendungen in den Lieder „dunkel" erschienen und wie dem begegnet wurde, sei beispielhaft auf eines der bekanntesten Lieder Martin Luthers geblickt. In dem Adventhymnus „Nun komm, der Heiden Heiland", hat das initiale „Nun komm" zu unterschiedlichen Deutungen oder auch Abänderungen des originalen Liedtextes provoziert.[44] Ist es ein Imperativ? Wird die Vergangenheit, Gegenwart oder Zukunft angesprochen? Johann Martin Schamel greift die Möglichkeiten auf und – so steht zu vermuten – tritt damit „irrigen" Meinungen entgegen. Nach Schamel ist dies ein „Poetische[r] Stylus, und wird nicht gemeynet, als ob der Heyland erst noch in die Welt kommen sollte. Doch kömmt er zu den Gläubigen täglich novo gradu gratiae."[45] Ein

42 Heermann, *Lieder-Schatz*, Vorrede, unpaginiert.

43 Bilhuber, *Lieder-Schatz*, Bd. 1, S. 12.

44 Olearius weist darauf hin, dass in einigen Gesangbüchern u. a. „Nun kommt" statt „Nun komm" abgedruckt wurde. Der Arnstädter Hymnologe schließt mit der Mahnung: „Solche Fehler muß ein ieder an sich selbst und in seiner Gemeinde observiren, zugleich auch aus correcten Gesangbüchern ändern." (Olearius, *Lieder-Schatz*, Bd. 1, S. 7.)

45 Schamel, *Lieder-Commentarius*, S. 90 f.

Beispiel, an dem gut gezeigt werden kann, wie Streitigkeiten innerhalb bzw. von der Orthodoxie durch die Kommentierung von Lieder geführt wurden, ist „Ach Gott, vom Himmel sieh darein". Das Lutherlied wurde u. a. von dem (radikal-)pietistischen Theologen Gottfried Arnold (1666–1714) in dessen *Unpartheyischer Kirchen- und Ketzerhistorie* als Beleg für den Verfall der lutherischen Amtskirche angeführt[46]. Olearius geht in seinem *Liederschatz* dazu in Widerspruch:

> „Wir haben […] angemercket, daß G. Arnold I. c. auch dis Lied anführen wolle als ein öffentliches Zeugnis, des verderbten Zustandes in der Lutherischen Kirche. Nun prüffe man doch mit Verstande, ob Lutherus, der dis Lied gemacht, in demselben die Lutherische Kirche verklage. Er hat ja, wie bekant, solches wieder die Papisten und andere Verfolger des Lutherisch-Evangelischen Häuffleins zu gebrauchen, auffgesetzet."[47]

Schriftprinzip, „Reinhaltung" der Lehre, Erklärung und zugleich Verteidigung der Lieddichtungen – überblickt man das Repertoire an Intentionen der „Frühzeit hymnologischer Forschung", wie bisher aufgezeigt, ergibt sich das Bild einer trockenen, lebensfernen, die „Lehre" vor dem „Leben" wertschätzenden und in ständiger Polemik verwickelten Orthodoxie. Diese idealtypische Bild von einer „toten Orthodoxie" hat bis weit ins 20. Jahrhundert überdauert, gilt jedoch mittlerweile „wissenschaftlich längst überholt".[48] Kein anderer als Gottfried Arnold mit seiner *Ketzerhistorie* hat zu diesem Bild maßgeblich beigetragen, worin er behauptet, man habe „sich bloß und allein darauff verlassen und gerühmet, man hätte die orthodoxie und wäre in possession der wahrheit, um das leben mochte es so elend als es wollte."[49] Der Blick auf die Intentionen der Hymnologie zur Zeit Bachs zeigt jedoch, dass Aspekte dieses Bildes von

46 Bezug nehmend auf die Worte „wie wenig sind der Heilgen dein" und „der Glaub ist auch verloschen gar" in der ersten Strophe. Vgl. auch Kap. 3.6 *Ach Gott, vom Himmel sieh darein* (BWV 2).

47 Olearius, *Lieder-Schatz*, Bd. 1, S. 95.

48 Johannes Wallmann: Art. „Orthodoxie, Lutherische Orthodoxie", in: *Religion in Geschichte und Gegenwart*[4], Bd. 6, Sp. 693–702, hier: Sp. 697.

49 Zitiert nach: Wallmann, „Orthodoxie", Sp. 697.

der Orthodoxie nicht ganz ad acta gelegt werden können und durchaus zu den konstituierenden Intentionen zu zählen sind. Auf der anderen Seite gilt freilich zu bedenken: Die Erforschung der Frömmigkeitsgeschichte innerhalb der Orthodoxie und damit ein neuer Blick auf die Rolle Johann Arndts – der in Orthodoxie und im Pietismus im engeren Sinne gleichermaßen rezipiert wurde – haben zu einem differenzierteren Blick auf diese geistesgeschichtliche Strömung verholfen.[50] Eine im weiten Sinne pietistische („innerliche") Frömmigkeit, wie sie etwa Johann Arndt, aber auch Heinrich Müller – beide waren mit Werken auch in Bachs Bibliothek vertreten – in ihren äußerst populären Erbauungs- und Gebetbüchern vermittelten, wird in der Forschung nicht mehr strikt als Gegensatz, sondern als Teil der Orthodoxie gewertet. Vor diesem Hintergrund ist die an vierter Stelle zu nennende Intention der *Erbauung* der „Frühzeit hymnologischer Forschung" auch als ein Aspekt *innerhalb* der Orthodoxie zu sehen. Liederkommentare sollten immer auch der Erbauung, dem „Leben" dienen. Ansonsten hätten sie einen Teil ihrer anvisierten Adressaten verfehlt, welche explizit auch „die Einfältigen"[51], „der gemeine Mann"[52] und „ohngelehrte Leute"[53] waren. Daher findet sich praktisch auf jedem Titelblatt, in jeder Vorrede der Hinweis auf die eingefügten „erbaulichen Historien und Anmerkungen". „Erbaulich" waren sie, weil man ihnen zutraute, den Glauben zu bekräftigen, individuell zu trösten und als Vorbild zu dienen. „Erbauliche Historien", Geschichten, welche man sich von den geistlichen Wirkungen eines Liedes erzählte, wurden in Liederkommentaren schriftlich fixiert und dadurch tradiert. Die Historie zu dem Lied „Ich ruf zu dir, Herr Jesu Christ", wie sie Johann Christoph Olearius in großer Detailfülle wiedergibt, vermittelt einen guten Eindruck, was unter „Historie" verstanden wurde. Nicht eine kritische Historie im heutigen Sinne, sondern vielmehr die geistlichen Intentionen und Wirkungen des Liedes standen im Vordergrund:

50 Vgl. Hans Schneider: Art. „Arndt, Johann", in: *Religion in Geschichte und Gegenwart*[4], Bd. 1, Sp. 788 f.

51 Heermann, *Lieder-Schatz*, Titelblatt.

52 Schamel, *Lieder-Commentarius*, S. 9.

53 Bilhuber, *Lieder-Schatz*, Bd. 1, S. 12.

„Der berühmte geistreiche Lehrer zu Hamburg, Hr. D. Hinckelmann, ließ einsten in einer Predigt, so Er Mittwochs nach Misericordias und also bey der angehenden Blumen Zeit daselbst gehalten, das Lied singen: Ich ruff zu dir HErr JEsu Christ etc. Nach gehaltener Predigt wird er darauff von einem Kauffmanne des Orts in Garten gebeten; Als er dahin kömmt, erinnert Ihn der Kauffmann des bey der Predigt gesungenen Liedes, und spricht: So offt ich in den Garten komme, gedencke ich an die Worte, in solchem Liede enthalten: Laß mich keine Lust noch Furcht von dir, in dieser Welt abwenden etc. Denn auch die Garten-Lust kan leichtlich durch sündlichen Mißbrauch allerhand Gelegenheit zur Uppigkeit geben. D. Hinckelman sprach: Wenn mann diß Lied: Ich ruff zu dir HErr JEsu Christ, wolte recht andächtig singen, so müße mann allezeit vorher eine gewisse Blume riechen, weil es hieß aus dem hohen Liede Cap. II, 5 Er erquicket mich mit Blumen und labet mich mit Apffeln: Ob er nicht wisse, was das für eine Blume wäre? Der Kauffmann, welcher gleich merckte, daß dieses eine geistliche Bedeutung nach sich zöge, antwortete, das werde ich schwerlich errathen. D. Hinckelmann fuhr fort und fragte: Ob er nicht Paradieß-Blümlein in seinen Garten hette? Ach ja, sprach der Kauffmann, die sind hier. D. Hinckelmann bath ihn, er mögte ihm doch eines bringen; der Kauffmann gehet hin und hohlet einen Strauß von Paradieß-Blümlein und wolte Ihm solchen überreichen: Ja, sprach D. Hinckelmann, das sind Hamburger Paradieß-Blümlein, allein, wer das gedachte geistreiche Lied wolte recht singen, der müste himlische Paradieß-Blümlein haben. Welche sind die? fragte der Kauffmann. Hr. D. Hinckelmann gab ihm gantz freundlich zur Antwort und Nachricht: Mein lieber Freund solche himmlische Paradieß-Blümlein, sind Trübsal, Creutz und Leiden; denn wer dis Lied ohne Creutz und Anfechtung singet, der wird nimmermehr dessen Krafft in seinem Hertzen empfinden. Er singets wohl mit dem Munde, aber nicht mit andächtigen Hertzen. Denn wie kan er singen: Laß mich keine Lust noch Furcht von dir etc. wenn er

> nichts von Furcht, Noth, Creutz, und Leiden weiß und erfahren hat. Ja es heist auch hier: Anfechtung lehret auffs Wort mercken."[54]

Die Liederkommentare in der ersten Hälfte des 18. Jahrhunderts sind voll solcher als vorbildhaft empfundenen Geschichten, Anekdoten oder – um den Begriff der Zeit zu zitieren – „erbaulichen Historien und Anmerkungen". Diese Anmerkungen und anekdotischen Ausschmückung sind zweifelsohne ein Ausdruck von Frömmigkeit, sind in der Lebenspraxis verankert und zeigen, dass die lutherische Orthodoxie nicht schlicht und ausschließlich mit „Lehre" verbunden werden kann. Freilich versuchte man auch hier, und die von Olearius berichtete Anekdote aus Hamburg macht dies ja letztlich auch deutlich, mit der Erbauung zugleich „Lehre", „Glaubenswahrheiten" und Theologie zu vermitteln. Gabriel Wimmer redet daher auch von „allerhand nöthigen und erbaulichen Anmerckungen", bei denen es am meisten „auf die theologischen Erklärungen derer fürnehmsten Stellen, welche die wichtigsten Momenta der Evangelischen Glaubens-Lehren und Lebens-Pflichten betreffen"[55], ankomme.

Schriftprinzip, *Lehre*, *Erklärung* und *Erbauung* – die vier Intention der Hymnologie zur Zeit Johann Sebastian Bachs sind Ausdruck von mehrerlei Facetten der lutherischen Spätorthodoxie. Es ist bezeichnend, dass die vierbändige *Ausführliche Liedererklärung* von Gabriel Wimmer aus den 1740er-Jahren das letzte hymnologische Großprojekt seiner Art im 18. Jahrhundert werde sollte. Die Zeit für Publikationen dieser Art und für Theologie und Frömmigkeit in dieser Form war gegen Mitte des 18. Jahrhunderts eigentlich schon abgelaufen. Man kann abschließend die Charakteristika der „Frühzeit hymnologischer Forschung" noch einmal zuspitzen, wenn man sich den Gegensatz zum geistes-, theologie- und frömmigkeitsgeschichtlichen Neuanfang der in dieser Zeit aufkommenden Aufklärung vergegenwärtigt. Das historisch-kritische Verständnis der Bibel, eines der zentralen Anliegen der Aufklärungstheologie, wie sie sich in der ersten Hälfte des 18. Jahrhunderts herausbildete, steht im Gegensatz zum orthodoxen Schriftprinzip. Die Nennung weiterer zentraler Prinzipien der Aufklärung in Theologie und

54 Olearius, *Lieder-Schatz*, Bd. 1, S. 83–85.

55 Wimmer, *Lieder-Erklärung*, Bd. 1, Vorrede, unpaginiert.

Frömmigkeit – die „anthropozentrische Ausrichtung“, die „Tendenz zur Ethisierung des Christlichen“ und die Bevorzugung „lebenspraktischer Funktionen“[56] – machen deutlich, wie fundamental gegensätzlich Orthodoxie und Aufklärung waren, welche immerhin in einer Übergangs- und Ablösephase über einige Jahrzehnte parallel existierten.[57] Doch das durch den Blick in die hymnologischen Quellen der Zeit sich ergebende Bild einer gewissermaßen noch mustergültig intakten und dominierenden Orthodoxie kann täuschen. War es vielleicht gerade die Verunsicherung, wie sie in den ersten Jahrzehnten des 18. Jahrhunderts von Vertretern der Orthodoxie empfunden werden musste, die noch einmal oder gerade jetzt zu einer letztmaligen idealtypischen Ausprägung orthodoxer Ansichten in Form einer tendenziösen Hymnologie führte? Viele der damaligen Hymnologen hätten wohl den aufklärungsskeptischen Formulierungen in Bachs Leipziger Kantatenlibretti zugestimmt, nach der die „verblendete“, „törichte“ und „taumelnde Vernunft“ zu „schweigen“ habe.[58] Vor diesem Hintergrund drängt sich umso mehr die Frage auf, inwieweit Bach dieses orthodoxe Denken auch *musikalisch* reflektiert. Nach einem Exkurs zu Bachs möglichen historisch-biographischen Berührungspunkten mit der Hymnologie seiner Zeit (Kap. 2) wird dieser Frage in den Werkbetrachtungen (Kap. 3) nachgegangen.

56 Beutel, „Aufklärung“, Sp. 942.

57 Ebd.

58 BWV 175/5, BWV 2/2, BWV 178/6.

2 Bach und die Hymnologie seiner Zeit. Eine historisch-biographische Annäherung

Um es vorwegzunehmen: Es gibt keine Belege, dass Bach an der Hymnologie seiner Zeit aktiv partizipiert hat, keine Dokumente, dass er sich für sie lebhaft interessiert und im Austausch mit den Exponenten dieser frömmigkeitsgeschichtlichen Bewegung gestanden hätte. Dennoch gibt zu denken: Bachs Lebenszeit und Schaffensjahre sind deckungsgleich mit der „Frühzeit hymnologischer Forschung".[59] Als Kirchenmusiker kam er zwangsläufig mit dem neu erwachten Interesse an der Historie, Bedeutung und Erklärung gerade der älteren Kirchenlieder in Berührung. Sein Lebensraum, seine Wirkungsstätten in Mitteldeutschland, waren nicht nur das Kernland der Reformation, sondern auch der frühneuzeitlichen Hymnologie, welche Ende des 17. Jahrhunderts aufblüht und gegen Mitte des 18. Jahrhunderts allmählich zum Erliegen kommt. Die folgenden kleinen historisch-biographischen Betrachtungen, „Arnstadt 1705", „Leipzig 1724" und „Leipzig 1750", sind der Versuch eines Umkreisens von Möglichkeiten und Wahrscheinlichkeiten, Bachs Biographie mit dem Phänomen in Verbindung zu bringen.

2.1 Arnstadt 1705

Johann Sebastian Bach versah seine erste Anstellung als Organist von 1703 bis 1707 in Arnstadt, einer kleinen Residenzstadt an den Ausläufern des Thüringer Waldes. Zugleich geschah in diesem Ort etwas kulturgeschichtlich Bedeutsames: Als einer der ersten Gelehrten um 1700 veröffentlichte Johann Christoph Olearius (Abb. 7), der Sohn von Bachs Vorgesetztem in Arnstadt, vielbeachtete hymnologische Schriften, sodass es später von ihm heißen sollte, er habe

59 Rößler, „Frühzeit".

„[i]n der Lieder-Historie […] gleichsam das Eiß gebrochen […]".[60] Folgt man ein wenig dem Lebensweg und dem Schaffen des Johann Christoph Olearius, wird die implizite Bedeutung für die Kirchenmusik Johann Sebastian Bachs und seiner Zeitgenossen deutlich. Am 17. September 1668 zu Halle als Teil der weitverzweigten Gelehrtenfamilie Olearius geboren, studierte er – sein Vater Johann Gottfried Olearius war zwischenzeitlich Superintendent in Arnstadt geworden – ab 1681 Theologie in Jena.

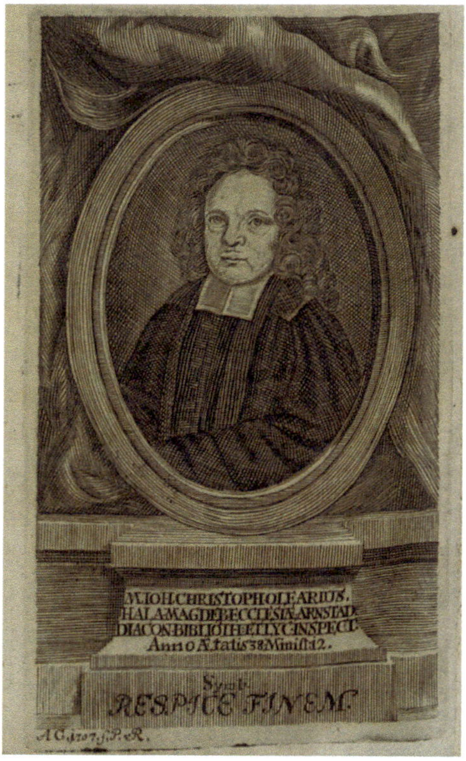

Abb. 7: Johann Christoph Olearius: *Evangelischer Lieder-Schatz*, 4 Bde., Jena 1707, unpaginiert. Universitäts- und Landesbibliothek Sachsen-Anhalt, Il 2360 (3).

60 N. N.: Art. „Olearius, Johann Christoph", in: Johann Heinrich Zedler: *Grosses vollständiges Universal-Lexicon aller Wissenschafften und Künste*, Bd. 25, Leipzig und Halle 1749, Sp. 1175–1185, hier: Sp. 1180.

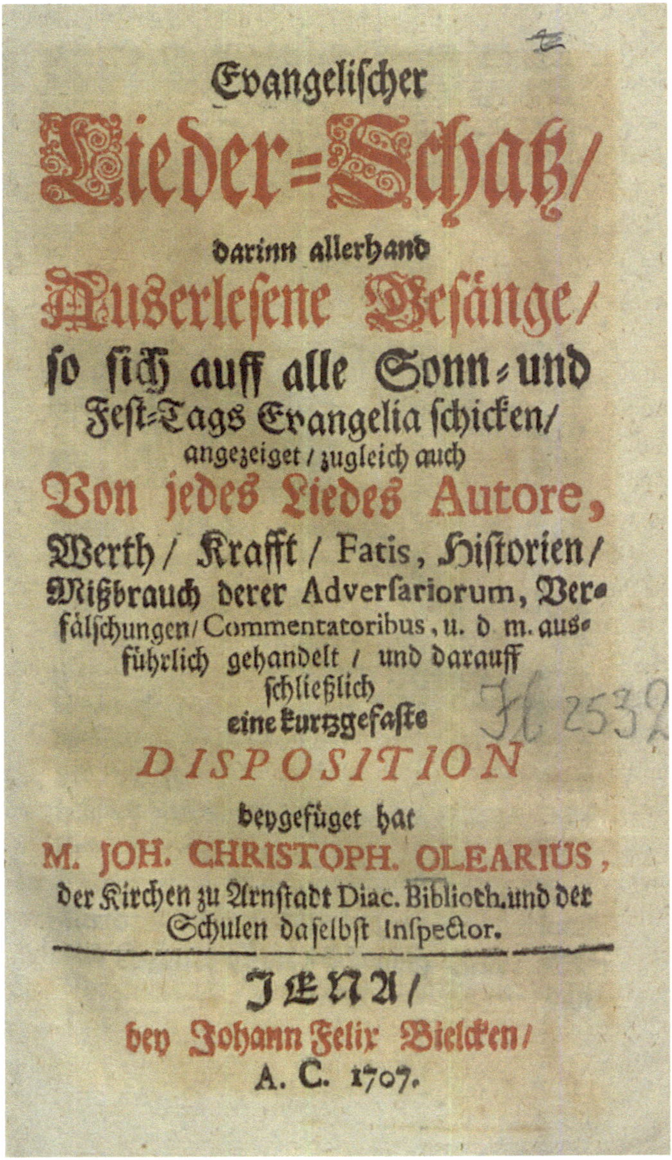

Evangelischer
Lieder=Schatz/
darinn allerhand
Auserlesene Gesänge/
so sich auff alle Sonn= und
Fest=Tags Evangelia schicken/
angezeiget / zugleich auch
Von jedes Liedes Autore,
Werth / Krafft / Fatis, Historien/
Mißbrauch derer Adversariorum, Ver=
fälschungen/ Commentatoribus, u. d. m. aus=
führlich gehandelt / und darauff
schließlich
eine kurtzgefaste
DISPOSITION
beygefüget hat
M. JOH. CHRISTOPH. OLEARIUS,
der Kirchen zu Arnstadt Diac. Biblioth. und der
Schulen daselbst Inspector.

JENA/
bey Johann Felix Bielcken/
A. C. 1707.

Abb. 8: Johann Christoph Olearius: *Evangelischer Lieder-Schatz*, 4 Bde., Jena 1707, Titelblatt. Universitäts- und Landesbibliothek Sachsen-Anhalt, Il 2360 (3).

1693 kehrte er nach Arnstadt zurück und erscheint hier bis zu seinem Lebensende immer in zwei Rollen: Zum einen als Amtsträger verschiedener kirchlicher Posten, zum anderen als weit über die Region hinaus gehend anerkannter Gelehrter mit besonderer Spezialisierung auf die „Liederhistorien" bzw. auf das „Liederstudium", wie die Hymnologie in der Zeit genannt wurde. 1705 veröffentlichte er den ersten von vier Teilen seines *Evangelischen Lieder-Schatzes*, ein Publikationsprojekt, welches 1707 zum Abschluss kam (Abb. 8). Der Vorbericht von 1707 gibt Aufschluss über die Motivation für dieses Werk. Zum Titel, „Evangelischer Lieder-Schatz", heißt es:

> „Evangelisch heist er, weil hierinne lauter reine, in der Evangelischen Kirche approbirte Gesänge angeführet, erläutert und selbige zugleich auff die gewöhnlichen Fest- und Sonntags Evangelia gerichtet habe. So ist es auch ein Lieder-Schatz, nicht so wohl wegen der hierzu mit grosser Mühe colligirten realien, als vielmehr wegen derer Lieber selbsten, die wohl recht, als ein unschätzbarer Schatz und Kleinod unserer Lutherischen Kirche, hochzuachten sind […]."[61]

Weiter führt Olearius aus, wie wichtig ihm es war, „von des Liedes Autore, fatis, adversariis", zu berichten, „darauff [er] am meisten gesehen".[62] Diese Aspekte, also Mitteilungen über den „wahren" Autor eines Liedes, Geschichten, die sich mit dem Lied zugetragen und inhaltliche oder sprachliche Fehler bei der Tradierung des Liedtextes, würden sich nicht in den bereits vorhandenen Liederpredigten finden. Diese wären vielmehr „meistentheils gar zu weitläufftig, gehen vielmahl von den Text-Worten gar ab, und lassen sehr viele Wörter und Redens-Arten eines Liedes unberühret, die doch gründlich und richtig müssen erkläret […] werden."[63] Wie werden diese Prämissen von Olearius in die Praxis umgesetzt? Wie sehen von ihm verfasster Liedkommentare aus? Dies soll beispielhaft an dem Lied *Wie schön leuchtet der Morgenstern* gezeigt werden. Neben einer exemplarischen Zuordnung des Liedes im Kirchenjahr

61 Olearius, *Lieder-Schatz*, Vorbericht, unpaginiert.

62 Ebd.

63 Ebd.

– Olearius gibt den 2. Sonntag nach Epiphanias an – steht an erster Stelle der Kommentierung die Frage nach dem Autor, für welchen hier „der seel. Herr D. Phil. Nicolai“ angegeben wird.[64] Tradierte Erzählungen im Zusammenhang mit der Entstehung oder Wirkung des Liedes folgen dann zumeist. Was einem historisch-kritischen Blick sich als nicht belegbar oder bestenfalls anekdotisch offenbart,[65] wird von Olearius unreflektiert als „Historie“ zur Erbauung des christlichen Lesers widergegeben:

> „Es ist merckwürdig, was der Herr D. Gözius, Superint. zu Lübeck in seiner offt-gerühmten Lieder Predigt, p. 82. von diesem Liede mit folgenden gedenckt: Mir ist glaubwürdig erzehlet worden, daß da der Geistreiche und eyfertige D. Phil. Nicolai, den schönen Gesang, Wie schön leuchtet etc. verfertiget, er sich dermassen in diesen erfreulichen Meditationibus vertieffet, daß er keine Arbeit, Essen, noch Trincken sich so lieb seyn, oder daran stören lassen, biß er solchen zu Ende gebracht, und das Lied verfertiget. Und da er Nachmittages umb 3. Uhr durch Gottes Gnade diese Arbeit absolviret, soll er eine ungemeine Freude darüber bezeuget haben etc.“[66]

Olearius erwähnt im weiteren Verlauf des Kommentars, dass *Wie schön leuchtet der Morgenstern* eigentlich „von der Menschwerdung Christi, dessen Geistl. Vermählung mit uns, durch Wort und Sacramenta u. andern Trost-vollen Artickuln und Geheimnissen“[67] handele. Doch offensichtlich hatte es sich eingebürgert, dieses Lied bei Hochzeiten zu singen, was den Hymnologen mit kritischen Bemerkungen auf den Plan ruft:

> „Denn da meynen offte die einfältigen Leute, daß in eben diesem Gesange ihnen gezeiget würde, wie sie, als neue Eheleute, einander lieben und begegnen sollten, dahero sie bey ihren Hochzeiten sich solches

64 Olearius, *Lieder-Schatz*, Bd. 1, S. 69.

65 Vgl. das Kap. 1.2 *Intentionen.*

66 Olearius, *Lieder-Schatz*, Teil 1, S. 70.

67 Ebd. S. 72.

> Lied singen lassen, und bilden sich wohl gar ein, daß wenn dies Lied (welches sie nur den Morgenstern nennen) nicht gesungen würde, so wären sie nicht rechmässig copuliret worden."[68]

Des Weiteren finden sich – obligatorisch für alle hymnologischen Publikationen der Zeit – Hinweise auf die „Verkehrungen" in dem Lied. Gemeint ist damit zumeist die ungenaue und dadurch teils sinnentfremdende gesangliche Wiedergabe einzelner Textabschnitte der Lieder:

> „Die Verkehrung hat dis schöne Lied auch erfahren müssen, e. g. im 4. v. heist es: O Herr JEsu mein trautes Gut, dein Wort etc. da singen hingegen etliche: O HErr JEsu dein trautes Gut."[69]

Auch ein Topos, ein Satzbaustein in den Liederkommentaren, ist der Hinweis auf die „gemeine[n] und ungelehrte[n]" Sänger, die bestimmte Wörter „nicht wohl verstehe[n]".[70] In der Schlussstrophe des besprochenen Chorals heißt es „Wie bin ich doch so herzlich froh / Dass mein Schatz ist das A und O" – für Olearius der Anlass, die Bedeutung des „A und O" mit biblischen Querverweisen zu erläutern:

> „Das A und O, i. e. Anfang und Ende, wie im Griechischen Alphabet A der erste und O der letzte Buchstabe ist [...] und wird hierdurch Christ Gottheit angedeutet, ex Esa. XLIV, 6. XLIIX, 12. Ich bin der erste und der letzte und ausser mir ist kein Gott. So ist auch Christus der Anfänger und Vollender des Glaubens, Ebr. XII, 2."[71]

Olearius schließt seine Liederbesprechungen mit einer Dispositio, welche das Lied versweise unter Hinweis auf biblische Querverweise einteilt. 97 Lieder werden von Johann Christoph Olearius in den vier Teilen des *Evangelischen*

68 Ebd. S. 73.

69 Ebd. S. 74.

70 Ebd. S. 75.

71 Ebd.

Lieder-Schatzes erläutert. Es folgen danach in regelmäßigen Abständen weitere hymnologische Publikationen des Arnstädter Universalgelehrten. Was haben all die gelehrten Bemühungen des Johann Christoph Olearius mit dem jungen Organisten an der Neuen Kirche zu tun? Wo lassen sich Verbindungen, wo zumindest Berührungspunkte aufzeigen? Auf den ersten Blick scheint nichts ferner zu liegen, als eine Strömung, die sich dem „rechten Verstand" der Kirchenlieder verschrieb, mit Bachs Choralbehandlung gerade in seiner Arnstädter Zeit in Beziehung zu bringen. Bekannt und vielzitiert ist das Protokoll der Unterredung des Arnstädter Konsistoriums mit Bach nach dessen eigenmächtiger Urlaubsüberschreitung seiner Reise zu Dieterich Buxtehude in Lübeck im Winter 1705/06. Erwähnt werden in diesem Dokument auch die „wunderlichen variationes" und „frembde Thone" in Bachs Orgelbegleitung der Choräle, womit er die Gemeinde „confundiret" habe.[72] Vor diesem Hintergrund möchte man kaum davon ausgehen, dass Bach mit dem gelehrten Sohn dieses Beschwerdeführers sich über hymnologische Themen ausgetauscht hat. Für den direkten Bezug fehlt die Quellenbasis, ja sie spricht sogar eher dagegen. Was bleibt, ist freilich eine denkwürdige Konstellation, der man über den Horizont „Arnstadt 1703–1707" hinausgehend, schon hypothetisch Gewicht verleihen möchte: Zu dem Zeitpunkt, an dem Bach sein erstes kirchenmusikalisches Amt bekleidet, bricht sich eine Entwicklung Bahn, die man als „Frühzeit hymnologischer Forschung" bezeichnet hat. Bach wird ab diesem Zeitpunkt seiner Arnstädter Anstellung Zeit seines Lebens qua Amt mit Kirchenliedern arbeiten. Es ist unwahrscheinlich, dass er von dem öffentlich geführten Diskurs um den „Wert" und „rechten Verstand" der Kirchenlieder unberührt blieb.

72 Der Arnstädter Superintendent Johann Gottfried Olearius gegenüber Johann Sebastian Bach: „Halthen Ihm vor daß er bißher in dem *Choral* viele wunderliche *variationes* gemachet, viele frembde Thone mit eingemischet, daß die Gemeinde drüber *confundi*ret worden. Er habe ins künfftige wann er ja einen *tonum peregrinum* mit einbringen wolte, selbigen auch außzuhalthen, vnd nicht zu geschwinde auf etwas anders zu fallen, oder wie er bißher im brauch gehabt, gar einen *Tonum contrarium* zu spiehlen. […]" (Werner Neumann/Hans-Joachim Schulze: *Bach-Dokumente. Band II. Fremdschriftliche und gedruckte Dokumente zur Lebensgeschichte Johann Sebastian Bachs 1685–1750*, Kassel u. a. 1969, S. 20.)

2.2 Leipzig 1724

Hymnologen hat man im 18. Jahrhundert als „Liederfreunde" und deren Tätigkeit als „Studium der Liederfreunde" bezeichnet. 1724 war für Leipziger Liederfreunde ein besonderes Jahr. So erschien in diesem Jahr in der Messestadt der erste Band des *Evangelischen Lieder-Commentarius* von Johann Martin Schamel und in den beiden Hauptkirchen St. Nicolai und St. Thomas waren zudem ab dem ersten Sonntag nach Trinitatis im wöchentlichen Wechsel im Gottesdienst Kantaten zu hören, deren Textgrundlage Kirchenlieder waren. Doch man kann noch einen Schritt zurückgehen: Weder das Ereignis „Evangelischer Lieder-Commentarius", noch das Ereignis des Bachschen Choralkantatenjahrgangs – bei ersterem ist es offensichtlich, bei zweitem wahrscheinlich[73] – finden zufällig 1724 statt. Jährte sich doch schließlich der Abdruck des ersten lutherischen Gesangbuchs in diesem Jahr exakt zum zweihundertsten Mal. Martin Luther veröffentlichte 1524 das erste Gesangbuch der evangelischen Kirche, das sogenannte *Achtliederbuch*. Und wohl nicht zuletzt um 1724 seiner hymnologischen Publikation ein besonderes Gewicht zu verleihen, weist Johann Martin Schamel im Titel auf dieses erste Gesangbuch der evangelischen Kirche hin und lässt es als Anhang abdrucken (vgl. Abb. 9).

73 „It is no coincidence that this sequence of chorale cantatas was begun in 1724, exactly two hundred years after the first hymns of Luther and others were published." (aus: Robin Leaver: „Churches", in: *The Routledge Research Companion to Johann Sebastian Bach*, hrsg. von Robin A. Leaver, London und New York 2017, S. 142–190, hier: S. 156.)

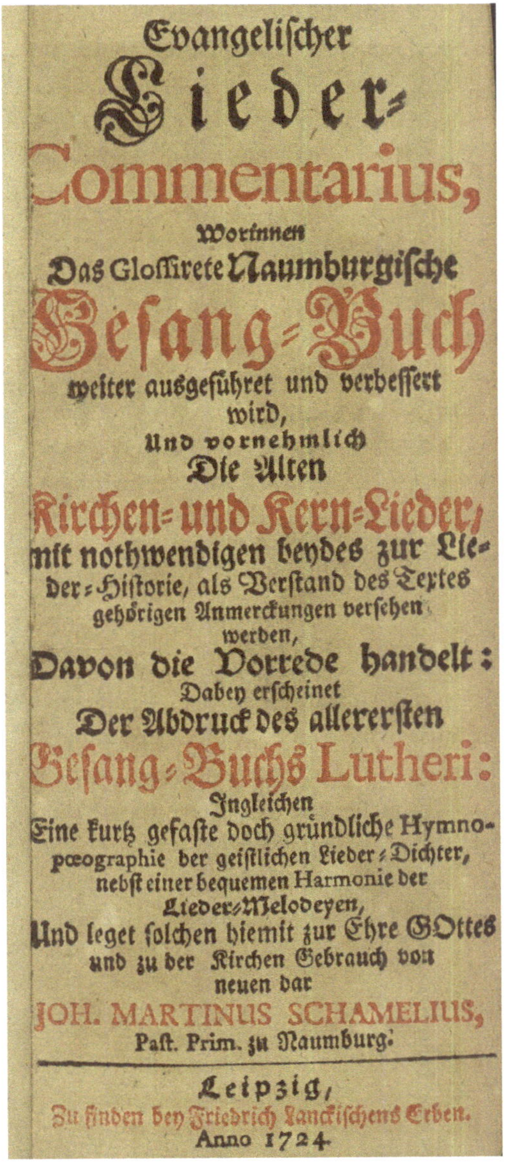

Evangelischer
Lieder-
Commentarius,
Worinnen
Das Glossirete Naumburgische
Gesang-Buch
weiter ausgeführet und verbessert
wird,
Und vornehmlich
Die Alten
Kirchen- und Kern-Lieder,
mit nothwendigen beydes zur Lie-
der-Historie, als Verstand des Textes
gehörigen Anmerckungen versehen
werden,
Davon die Vorrede handelt:
Dabey erscheinet
Der Abdruck des allerersten
Gesang-Buchs Lutheri:
Ingleichen
Eine kurtz gefaste doch gründliche Hymno-
pœographie der geistlichen Lieder-Dichter,
nebst einer bequemen Harmonie der
Lieder-Melodeyen,
Und leget solchen hiemit zur Ehre GOttes
und zu der Kirchen Gebrauch von
neuen dar
JOH. MARTINUS SCHAMELIUS,
Past. Prim. zu Naumburg.

Leipzig,
Zu finden bey Friedrich Lanckischens Erben.
Anno 1724.

Abb. 9: Johann Martin Schamel: *Evangelischer Lieder-Commentarius*, Leipzig 1724. Herzogin Anna Amalia Bibliothek Weimar, 240 793 – A (1)

Wer ist Johann Martin Schamel? Am 5. Juni 1668 in Meuselwitz als Sohn eines Pfarrers geboren, besuchte er die Schule in Naumburg, in der Stadt, welcher er später Zeit seines Lebens verbunden bleiben sollte. In den von Schamel verfassten autobiographischen Skizzen wird, wohl auch als Selbstlegitimation – oder religiös gedeutet: als Fügung – für den später gewählten Beruf, das bereits im Kindesalter erwachte Interesse am Predigen sehr anschaulich geschildert:

> „Etwa bis gegen das 5te Jahr bin ich in meinem Vaterlande unter der Vorsorge meiner Eltern aufgewachsen. Und wird mir nicht verdacht werden können, wenn ich einige Begebenheiten anführe. Von [...] Scriver habe ich gelesen, wie er auch als ein kleines Kind versuchet habe zu predigen. Und was mich betrift, habe ich in diesen zartesten Jahren zum öftern meinem Vater, ihm unwissend, auf die Canzel in die Kirche gefolget, und unter seinen Füssen, wenn er auf der Canzel gesessen, gelegen, indem ich in die Sacristey gekommen war.
> [...]
> Hier gedenke ich abermal an den innerlichen Trieb zum Predigt-Amte. Maßen ich, als ein Knabe, damals dennoch ein und andere Predigt über gewisse Sprüche aufgeschrieben, und vor mich elaboriret, welche mir aber durch ein weltbekanntes unten zu meldendes Unglück [Naumburger Stadtbrand, 1714] entrissen seyn, sonst deren Inhalt, so einfältig er auch seyn mögen, zu melden, mich nicht geschämet hätte. Es war mir auch eine rechte Freude, wenn ich, nach damaligen Kirchengebrauch, indem mich die Ordnung traf, Sonntags auf dem Chor vor dem Altare die gewöhnlichen Lateinischen Episteln vor der Gemeinde absingen muste.“[74]

Nach dem – in nachträglicher Inszenierung – so vorgezeichneten Weg studierte Schamel Theologie in Leipzig und Halle, ist zwischenzeitlich als Hauslehrer tätig und wird 1703 Diakon und 1708 Oberpfarrer in Naumburg. Der

74 Johann Christian Stemler: *Historie und Führung des Lebens Johann Martin Schamelii*, Leipzig 1743, S. 26f.

Herausgeber der zitierten autobiographischen Schrift war Schamels Schwiegersohn Johann Christian Stemler (1701–1773), welcher ab 1756 die Superintendentur in Leipzig bekleidete und damit direkter Nachfolger von Bachs Vorgesetztem Salomon Deyling (1677–1755) wurde. Von Stemler stammen noch einige interessante, teils auch kuriose Anmerkungen und Ergänzungen in Schmales Autobiographie. Unverkennbar weisen Stemlers Kommentare die Züge einer Heiligenlegende auf, wenn er die Inbrunst Schamels bei der Vorbereitung seiner Predigten erwähnt und versichert, dass er „viele Concepte […] mit Thränen genetzet; davon man an manchen die Spuren noch wahrnehmen kann.“[75] Johann Martin Schamels Amtszeit als Oberpfarrer in Naumburg liest sich partiell – das geht sowohl aus seinen eigenen Notizen, als auch aus den Anmerkungen Stemlers hervor – wie eine Ansammlung von Streitigkeiten einerseits über die „rechte Lehre“, andererseits alltägliche Dinge betreffend. Fast entschuldigend erwähnt in einem solchen Zusammenhang der Schwiegersohn, dass es an „einem freundlichen Besprechen“ fehlte und „der Selige“ von „einem hefftigen Temperamente war“[76]. Dem von Stemler beigefügten kommentierten Schriftenverzeichnis lässt sich die Vorgeschichte des *Evangelischen Lieder-Commentarius* entnehmen: Erstmals 1712 als *Naumburgisches Gesangbuch* erschienen, erlebte es insgesamt vier Auflagen und wurde dann 1724 unter dem Titel eines *Lieder-Commentarius* gedruckt. Anders als der Choralkantatenjahrgang Bachs, von dem sich kein öffentliches Dokument der Rezeption erhalten hat, finden Schmales hymnologische Publikationen ein reges und positives Echo in den Rezensions- und Gelehrtenjournalen der Zeit. In der *Sammlung von Alten und Neuen Theologischen Sachen* von 1725 wird der *Lieder-Commentarius* als der beste seiner Art angepriesen „und billig allen, die mit Lieder umgehen müssen, in Kirchen und Schulen, auch zur privat-Andacht bestens […] recommendire[t]“.[77]

Apropos „Choralkantatenjahrgang“: Das 18. Jahrhundert kennt den Begriff der Choralkantate noch nicht. Wichtiger als die weit später in der Musikgeschichtsschreibung etablierte Gattungsbezeichnung war offensichtlich die

75 Ebd. S. 53.

76 Ebd. S. 67.

77 N. N.: *Anhang der Sammlung von Alten und Neuen Theologischen Sachen*, Leipzig 1725. S. 1119.

Tatsache, dass hier Musik vorlag, die textlich auf Kirchenliedern basiert. Ein Leipziger Akteneintrag vom 29.8.1750 gewährt uns Einblicke in die zeitgenössische Terminologie. Nach Bachs Tod war man in Folge der Wahl Johann Gottlob Harrers zum neuen Thomaskantor und der Gewährung eines Gnadenhalbjahres für Anna Magdalena Bach, auch daran interessiert von den Musikalien des verstorbenen Thomaskantors die „Kirchen-Lieder“ zu erhalten. Mit diesem Terminus hat man wohl schlicht die „Choralkantaten“ bezeichnet. Ein Umstand, der zeigt, wie pragmatisch man mit diesem Zyklus umging und zudem das Phänomen „Kirchenlied“ in dieser Zeit noch einmal besonders deutlich macht.[78]

2.3 Leipzig 1750

Der einzige gesicherte biographische Hinweis auf ein Interesse Johann Sebastian Bachs an der Auslegung von Liedern liefert ein Dokument, welches nach seinem Tod angefertigt wurde: Die „Specificatio der Verlaßenschafft des am 28. July. 1750 seelig verstorbenen Herrn Johann Sebastian Bachs, weyland Cantoris an der Schule zu St. Thomae in Leipzig“. Im zwölften, zugleich letzten, Kapitel der Specificatio wird ein Bestand „an geystlichen Büchern“ aufgeführt.[79] Diese Auflistung geistlicher Bücher, größtenteils exegetische Werke und Erbauungsschrifttum des orthodoxen Luthertums, vermitteln uns einen Eindruck von Bachs geistiger Welt. Neben Werken Martin Luthers (1483–1546), August Pfeiffers (1640–1698) und Heinrich Müllers (1631–1675) – diese Autoren sind

78 Die Worte des Leipziger Registrators Christian Ernst Haubold lauten:
„Habe, auf E. E. Hochw. Raths Verordnung, dem *Prof.* und *Rectori* auf der *Thomas*-Schule, *Ernesti*, nebst dienstlichem *Compliment* gemeldet, wasmaasen wohlgedachter Rath an des verstorbenen *Cantoris* an besagter Schule, Herrn Bachens, Stelle, Herr Harrern aus Dreßden angenommen, auch überdieß *resolviret* habe, daß die verwitbete Frau Bachin ein halbes Gnaden-Jahr genießen, dargegen Derselbe mit ihr den Umstand, wegen derer Kirchen-Lieder, wovon ermeldeter Frau Bachin ebenfals Nachricht gegeben werden würde, ausmachen möchte.“ (Neumann/Schulze: *Bach-Dokumente*, Bd. 2, S. 486)

79 Robin A. Leaver hat den Bestand von geistlichen Büchern in einer Bibliographie zugänglich gemacht. Vgl. Robin A. Leaver: *Bachs theologische Bibliothek. Eine kritische Bibliographie*, Neuhausen-Stuttgart 1983.

am häufigsten in Bachs Bibliothek vertreten – finden sich unter anderem auch zwei Bände mit Liedpredigten Erdmann Neumeisters (1671–1756).

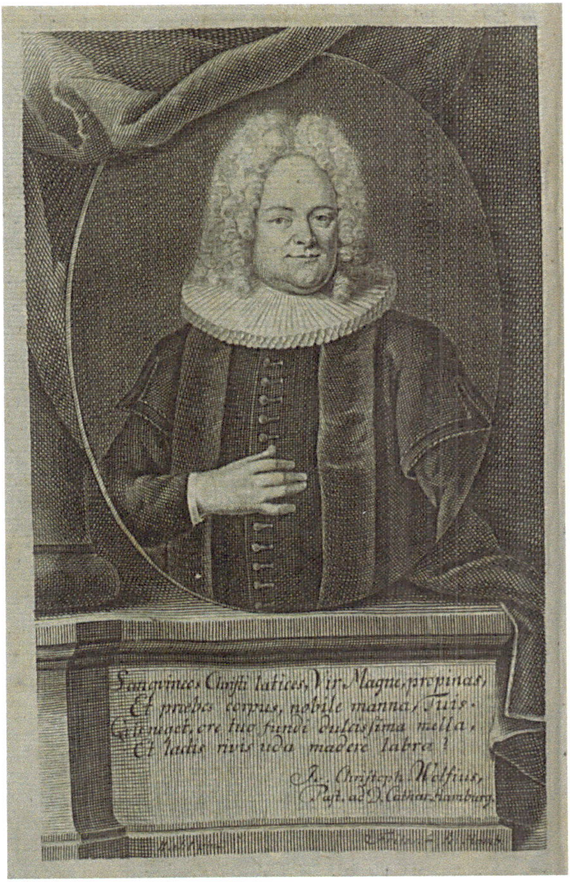

Abb. 10: Erdmann Neumeister: *Das Wasserbad im Worte*, Hamburg 1731, unpaginiert. Forschungsbibliothek Gotha der Universität Erfurt, Theol 8° 394/3.

Erdmann Neumeister (Abb. 10) ist in der Musikgeschichtsschreibung als Vorreiter und Verfasser moderner Kantatenlibretti um 1700 bekannt. Die Publikationen Neumeister in Bachs Bibliothek entstanden deutlich später, als dieser – ab 1715 – Pastor an der St. Jacobikirche in Hamburg war, wo er bis zum

Ende seines Lebens wirken sollte. Neumeister trat in seinen Veröffentlichungen und im Predigtamt als profilierter und streitbarer Verfechter der lutherischen Spätorthodoxie auf. In Zedlers *Universal-Lexicon* heißt es über ihn:

> „Wie weit sein Eifer vor die Reinigkeit der Lehre gehe, ist sattsam bekannt. Er hat sowol in den sogenannten Pietistischen Streitigkeiten, als auch gegen die Union mit den Reformirten seine Feder offt gebraucht, und dieselbe überaus sehr geschärfft."[80]

Vom gleichen Autor werden Neumeister „ein aufgeweckter Verstand, lebhaffte Einfälle [und] treffliche Erfindungen [...] in seinen Predigten"[81] attestiert. Die Predigtbände in Bachs Besitz bestehen aus je 52 Predigten, bei denen „in dem Eingange unterschiedliche Lieder erkläret worden". Diese Formulierung findet sich auf dem Titelblatt sowohl des *Tisch des Herrn* (Hamburg 1722), als auch auf dem des *Wasserbads im Worte* (Hamburg 1731, Abb. 11) und gibt das damals übliche Schema der Predigten an[82]: Konzentriert sich das Exordium tatsächlich auf den Liedtext oder zumindest eine Strophe des Liedes, folgt danach der „gewöhnliche Text", mit welchem entweder die Evangelien nach der Perikopenordnung oder – wie im vorliegenden Fall – die der Predigtserie zugrundeliegenden Fragen abgehandelt werden.

80 N. N.: Art. „Neumeister, Erdmann", in: Johann Heinrich Zedler: *Grosses vollständiges Universal-Lexicon aller Wissenschafften und Künste*, Bd. 24, Leipzig und Halle 1740, Sp. 259–273, hier: Sp. 261.

81 Ebd. Sp. 260 f.

82 Vgl. das Kapitel 1.1 *Typen*.

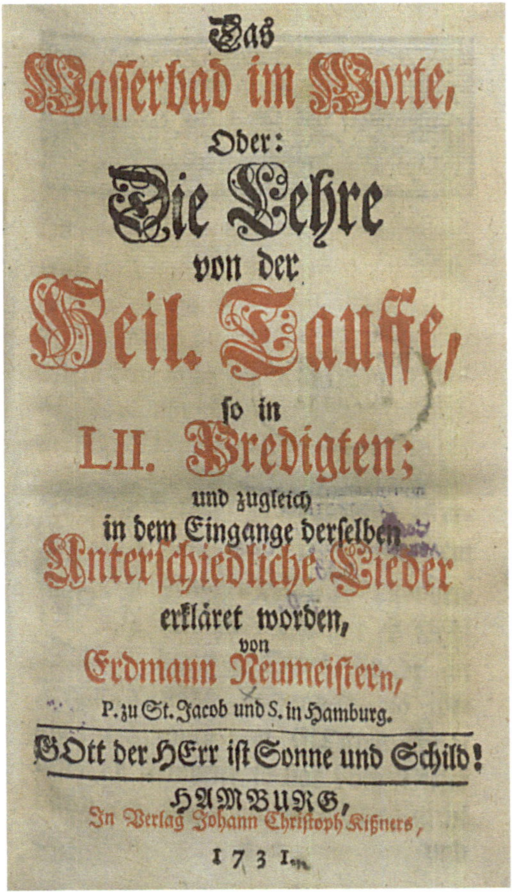
Das
Wasserbad im Worte,
Oder:
Die Lehre
von der
Heil. Tauffe,
so in
LII. Predigten;
und zugleich
in dem Eingange derselben
Unterschiedliche Lieder
erkläret worden,
von
Erdmann Neumeistern,
P. zu St. Jacob und S. in Hamburg.
GOtt der HErr ist Sonne und Schild!
HAMBURG,
In Verlag Johann Christoph Kißners,
1731.

Abb. 11: Erdmann Neumeister: *Das Wasserbad im Worte*, Hamburg 1731, Titelblatt. Forschungsbibliothek Gotha der Universität Erfurt, Theol 8° 394/3.

Auf dem Titel beider Veröffentlichungen befindet sich auch der persönlichen Wahlspruch Erdmann Neumeisters[83]: *Gott der Herr ist Sonn und Schild* (Ps 84,12). Die Vorrede vom *Wasserbad im Worte* von 1731 mit dem Untertitel „Die Lehre von der Heil. Tauffe“ gibt ein paar Informationen preis über das

83 Vgl. N. N., „Neumeister“, Sp. 263.

gesamte Werk. So berichtet Neumeister, dass der *Tisch des Herrn* „nicht ungütig aufgenommen worden" und er sich daher für einen weiteren Band mit Liedpredigten entschieden habe[84]. Als orthodoxer Vertreter hofft er zudem von dem vorliegenden Band, dass „nichts wird hoffentlich darinnen vorkommen, das dem Fürbilde der heylsamen Lehre nicht ähnlich und der Aehnlichkeit des Glaubens nicht gleichförmig wäre."[85] Nicht alle abgedruckten Predigten seien zudem „auf der Cantzel geprediget worden".[86] Neumeister wünscht sich abschließend, dass „Christen, welche Gottes Wort lieb haben [...] hoffentlich zur Genüge finden, dadurch so wohl ihre Hertzen in der gegenwärtigen Wahrheit gestärcket, und ihre Seelen aus dem Tauff-Troste ergötzet, als auch ihr Lehrbegieriges Gemüthe vergnüget werden kann."[87] Erdmann Neumeister behandelt in dem Werk die Lieder „Christ, unser Herr zum Jordan kam", „Du Volk, das du getaufet bist", „O Gott, da ich gar keinen Rath", „Zeuch ein zu meinen Thoren" und „O Heilige Drey-Einigkeit". *Das Wasserbad im Worte* erschien zu einem Zeitpunkt, als Bach schon einen Großteil seiner Leipziger Vokalwerke geschrieben hat. Ungeachtet dessen liefert diese Publikation einen wertvollen Hinweis für Bachs Behandlung des Lutherschen Tauflieds „Christ, unser Herr zum Jordan kam" BWV 7 von 1724.[88]

84 Erdmann Neumeister: *Das Wasserbad im Wort, oder, Die Lehre von der Tauffe, so in LII. Predigten und zugleich in dem Eingange derselben unterschiedliche Lieder erkläret worden*, Hamburg 1731, Vorrede, unpaginiert.

85 Ebd.

86 Ebd.

87 Ebd.

88 Vgl. das Kapitel 3.4 *Des Vaters Stimme ließ sich hören* (BWV 7/4).

3 Werkbetrachtungen

3.1 Zur Methode

Die um 1700 aufblühende Hymnologie ist als kulturgeschichtliches Phänomen für sich betrachtet schon interessant. Sie gewährt uns Einblicke in die Kultur des Protestantismus, mit der – das Kapitel 2 versuchte dies aufzuzeigen – wohl auch Johann Sebastian Bach in Berührung kam. Die nachfolgenden Werkbetrachtungen ausgewählter Einzelsätze aus Bachs Kantatenschaffen versuchen jedoch noch deutlich mehr als diese Minimalthese zu belegen. Gezeigt werden soll, dass Bach in seinen kompositorischen Entscheidungen von der Hymnologie seiner Zeit, durch die für seine Zeit typischen Lesarten der lutherischen Kirchenlieder, beeinflusst wurde. Die hymnologischen Quellen sollen als ein hermeneutischer Schlüssel für Bachs geistliches Vokalwerk fruchtbar gemacht werden. Wie dies funktionieren kann und auf welchen methodischen Prämissen eine solche Vorgehensweise beruhen kann, soll hier skizziert werden. Wer nichtmusikalische Dinge – Ideen, Lesarten, Deutungen – auf Musik bezieht, begibt sich immer in eine methodische Grauzone, die (noch) nicht durch einen breiteren fachlichen Konsens abgesichert ist. Deutlicher wird dies, wenn man sich im Kontrast zur jener das Verhältnis von Wort und Ton ausdeutenden Analyse von Vokalmusik, die Analyse rein instrumentaler Formen vor Augen führt. Wer etwa eine Instrumentalfuge analysieren möchte, kann auf gleichsam kanonisierte Termini und Vorgehensweisen bei der Besprechung solch einer Musik zurückgreifen. Damit soll keinesfalls dem Klischee eines Schematismus das Wort geredet werden, nachdem die Formanalyse nach vorgefertigten Begriffen und Mustern eine Komposition „abarbeiten" würde. Gerade die Abweichungen von der Norm machen ja den Reiz analytischer Bemühungen aus. Sicher kann jedoch festgehalten werden, dass vergleichbare und verbindliche Begriffe sowie Vorgehensweisen bei der Analyse wortgebundener Musik sich nie als Standard etablieren konnten. Verhindert hat das die sogenannte ausdeutende Analyse von Wort und Ton nicht. Das Ausloten der Möglichkeiten Wort und Ton etwa in der Vokalmusik Bachs aufeinander zu beziehen, findet allenthalben statt. Welche Besprechung einer Bachkantate, sei es in einer Konzerteinführung oder in der Fachliteratur im engeren Sinne, lässt sich die Möglichkeiten des Musikverstehens durch das Verhältnis von Wort und Ton entgehen? Und so sollen auch die hier vorgelegten Werkbetrachtungen als praktischer Vorschlag verstanden werden, wie nichtmusikalische Dinge in der Musik identifiziert werden können. Dabei wurde immer versucht die Balance zu wahren, die außermusikalischen Interpretationen musikalischer Strukturen so umfassend wie möglich mit historischen Belegen abzusichern, andererseits aber auch nicht „Objektivität" zu imaginieren. Die vorgelegten Interpretationen im Rahmen der Werkbetrachtungen sind selbstverständlich subjektiv – aber nicht beliebig. Es ist eine Subjektivität, welche gleichsam durch die Historie gebändigt und geleitet wird.

Was ist in den Werkbetrachtungen zu erwarten? Um die Bestimmung zunächst negativ vorzunehmen: Darunter wird nicht das Auffinden von sogenannten malerischen Elementen in der Musik Bachs verstanden. So erhellend das Vergegenwärtigen der allgegenwärtig bei Bach und seinen Zeitgenossen angebrachten Malereien – das musikalische Nachzeichnen von Wasser, von Auf- und Abwärtsbewegungen etc. – partiell auch ist, steht hier etwas anderes im Zentrum der interpretatorischen Bemühungen. Es geht darum, unserer Zeit nicht mehr vertraute *Lesarten von Texten* in der Musik zu identifizieren, also bis zu einem gewissen Grad, die nichtmusikalischen Beweggründe für eine spezifische musikalische Struktur zu rekonstruieren. Die uns nicht mehr vertrauten Lesarten von Texten sind im vorliegenden Fall zumeist Liederklärungen zu den von Bach verwendeten Kirchenliedern. Warum verwendet Bach eine ungewöhnliche Instrumentalbesetzung?[89] Was hat es zu bedeuten, dass Bach die gleiche Strophe eines Kirchenliedes völlig unterschiedlich vertont?[90] Was veranlasste Bach, uns vertraute Passagen von Kirchenliedern in einem unseren Empfinden nach unpassenden, im Widerspruch zum Text stehenden Affekt zu vertonen?[91] Antworten auf diese Fragen können manchmal die bis dato in der Bachforschung kaum beachteten hymnologischen Quellen

89 Vgl. Kap. 3.4 *Des Vaters Stimme ließ sich hören* (BWV 7/4).

90 Vgl. Kap. 3.5 *Nun komm, der Heiden Heiland* (BWV 61/1, 62/2, 659).

91 Vgl. Kap. 3.7 *Confessio fraudis und confessio laudis* (BWV BWV 4/3, 66/6).

aus der ersten Hälfte des 18. Jahrhunderts liefern. In diesem Sinne sind sie ein Hilfsmittel zum Verständnis der Werke, im Idealfall ein hermeneutischer Schlüssel zu diesen. Mehrere dieser Idealfälle sind für die Werkbetrachtungen ausgewählt worden.

Analysen im klassischen Sinne, also Untersuchungen, welche die Machart einer Komposition aufzeigen, sind die Werkbetrachtungen jedoch nicht. Verdeutlicht sei dies mit einem bekannten Zitat von Carl Dahlhaus zur Wesensbestimmung musikalischer Analyse: „Analyse ist der niemals ganz gelingende Versuch zu begreifen und zu demonstrieren, daß sämtliche Teile eines Werkes sinnvoll auf das Ganz bezogen sind und daß ein jeder in der Funktion aufgeht, die er erfüllt. Der Triumph der Analyse besteht in dem Nachweis, daß ein Werk, zumindest ein geglücktes, nicht anders sein kann, als es ist."[92] Die hier vorgelegten analytischen Betrachtungen feiern keine Triumphe dieser Art. Denn ihre Zielrichtung ist eine ganz andere. In den folgenden Werkbetrachtungen geht es nicht darum, „sämtliche Teile eines Werkes sinnvoll auf das Ganze [zu beziehen]", sondern vielmehr der kompositorischen Grundidee nachzuspüren. Nicht die satztechnischen Details, sondern vielmehr das *eine* satzstrukturell herausstechende Merkmal einer Komposition werden Gegenstand der Untersuchung. Neu ist eine solche Vorgehensweise nicht. Die Methode, das dominierende satzstrukturelle Merkmal eines Satzes in den Blick zu nehmen – und sich davon, modern gesprochen, einen hermeneutischen Mehrwert zu erhoffen –, ist älter als die Musikwissenschaft. Es ist insbesondere die erste Hälfte des 18. Jahrhunderts, die ein solches Reflektieren über Musik kultiviert hat. Die Musiktheoretiker des 18. Jahrhunderts verwenden hierfür den Begriff der „inventio". Und die Kunst, auf gute „Erfindungen" zu kommen, wird „ars inveniendi" genannt.[93] Die *ars inveniendi* ist der Terminus technicus unter dem in der Bachzeit theoretisch erörtert und praktisch erprobt wurde, auf welcher Grundlage ein Musikstück fußen sollte. Was will man primär ausdrücken und

92 Carl Dahlhaus: „Plädoyer für eine romantische Kategorie. Der Begriff des Kunstwerks in der neuesten Musik", in: *20. Jahrhundert* (= Gesammelte Schriften in zehn Bänden, Bd. 8), hrsg. von Hermann Danuser in Verbindung mit Hans-Joachim Hinrichsen und Tobias Plebuch, Laaber 2005, S. 216–224. hier: S. 224.

93 Benedikt Schubert: *Bild, Affekt, Inventio. Zur Johannespassion Johann Sebastian Bachs*, Frankfurt am Main u. a. 2017, S. 26–30.

wie setzt man dies kompositorisch um? – so ließen sich die Fragen der *ars inveniendi* in ihrer rudimentärsten Form formulieren. Die im Rahmen der *ars inveniendi* gewonnene *inventio* ist als eine die angehende Komposition satzstrukturell dominierende Vorentscheidung zu verstehen. Die Entscheidung für einen charakteristischen Rhythmus, für eine musikalische Form, für eine besondere Besetzung aufgrund außermusikalischer Ideen, Vorstellungen oder Programme, welche in Musik übersetzt werden sollen – dies alles kann die *inventio* sein. Was der *inventio* folgt, ist die satztechnisch detaillierte Ausarbeitung des Stückes, welche im 18. Jahrhundert als *elaboratio* bezeichnet wird.[94]

Es hat sich in der Musikwissenschaft etabliert auch bei der Analyse von Vokalmusik die satztechnischen Aspekte einer Komposition in den Vordergrund zu rücken. Doch gerade bei Musik, deren primäre Funktion darin bestand, Texte und deren Lesarten kompositorisch zu artikulieren, birgt es einen offensichtlichen hermeneutischen Mehrwert, zu verstehen, welche Ideen einer Komposition zugrunde liegen. Dies gilt umso mehr bei vertonten Texten und deren Lesarten, die aus einem geistesgeschichtlichen Zeitalter stammen, deren Gedankenwelt uns fremd ist. Die hymnologischen Quellen der lutherischen Spätorthodoxie sind für die Musikwissenschaft unverzichtbare Hilfsmittel, um die für Bachs Zeit typischen Lesarten der Kirchenliedtexte überhaupt zur Kenntnis nehmen zu können. Von hier aus ist es häufig erst möglich Bachs subtile „Erfindungen" zu verstehen.

94 Johann Mattheson Ausführungen zur „Erfindungskunst" und deren „Gefährten" sind hier zusätzlich aufschlussreich: „Wenn nun hier eine fernere lehrreiche Betrachtung von der Erfindungskunst angestellet werden soll, so wird zuvörderst nöthig seyn darzuthun, daß dieselbe Kunst drey unzertrennliche Gefährten haben müsse, ohne welchen auch die allerschönsten Einfälle von schlechter Würde sind. Diese drey heissen: Dispositio, Elaboratio Decoratio, d. i. die geschickte Einrichtung, fleißige Ausarbeitung und gescheute Schmückung des melodischen Wercks […]" (Johann Mattheson, *Der vollkommene Capellmeister*, Hamburg 1739, S. 122.)

3.2 *Jesus Christus, Gottes Sohn* (BWV 4/4)

BWV 4/4
Jesus Christus, Gottes Sohn,
An unser Statt ist kommen
Und hat die Sünde weggetan,
Damit dem Tod genommen
All sein Recht und sein Gewalt,
Da bleibet nichts denn Tods Gestalt,
Den Stach'l hat er verloren.
Halleluja!

Christ lag in Todesbanden BWV 4 zählt zu den frühesten Kantaten Johann Sebastian Bachs. Sie entstand mutmaßlich um 1707/1708 im Kontext von Bachs Zeit in Mühlhausen und wurde später in Leipzig noch mehrfach aufgeführt. Das Libretto fußt auf dem Osterlied „Christ lag in Todesbanden" von Martin Luther, doch anders als etwa von den Leipziger Choralkantaten gewohnt, wurden die Binnensätze der Liedvorlage nicht umgedichtet und behalten ihren originalen Wortlaut. Vers drei, „Jesus Christus, Gottes Sohn", vertont Bach als Tenorarie mit einer lebhaften Violin-Begleitung:

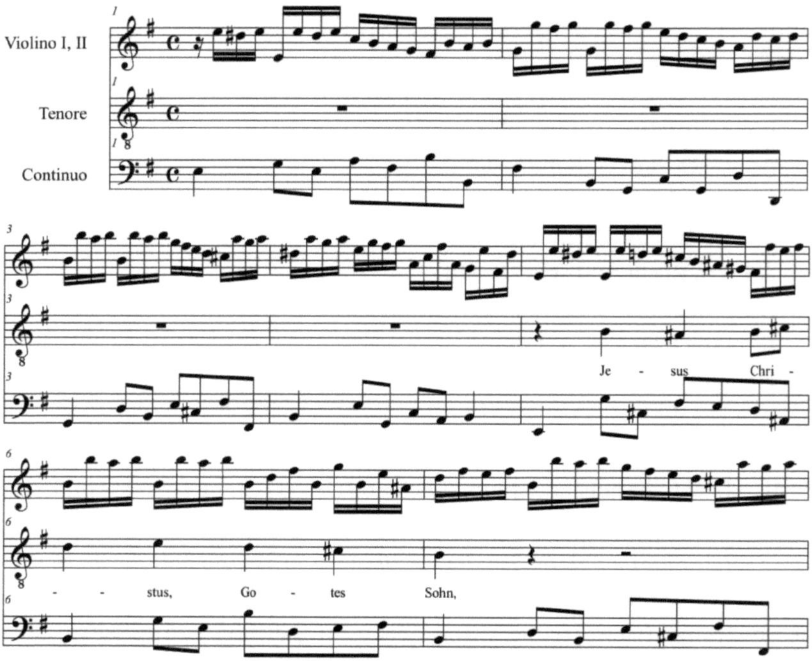

BWV 4/4, T. 1–7[95]

Das Perpetuum-mobile-artige Motiv der Violinen mit seinem initialen Spiel mit dem erhöhten Leitton *dis* und heftigen Oktavsprüngen scheint kein Halt zu kennen. Es lässt sich auf die Textvorlage von Martin Luther zurückführen: Jesus Christus, der Sohn Gottes „hat die Sünde weggetan" und dem Tod damit „all sein Recht und sein Gewalt" genommen. Ob Bachs Hörer dieses Motiv als kämpferisch oder als Ausdruck überbordender Freude wahrgenommen haben, muss nicht zwingend erörtert werden. Bach hat – allgemein gesprochen – einen heftigen Affekt in Musik gesetzt, gewissermaßen ein „Außer-sich-Sein" mit musikalischen Mitteln. Dieses vitale Motiv kommt – nachdem es in das

95 Alle Notenbeispiele der Werke von Johann Sebastian Bach sind der *Neuen Bach-Ausgabe* entnommen.

Continuo wandert und die Violinen ab dem Wort „Gewalt“ statische Akkorde hämmern – auf „nichts“ zu einem abrupten Ende:

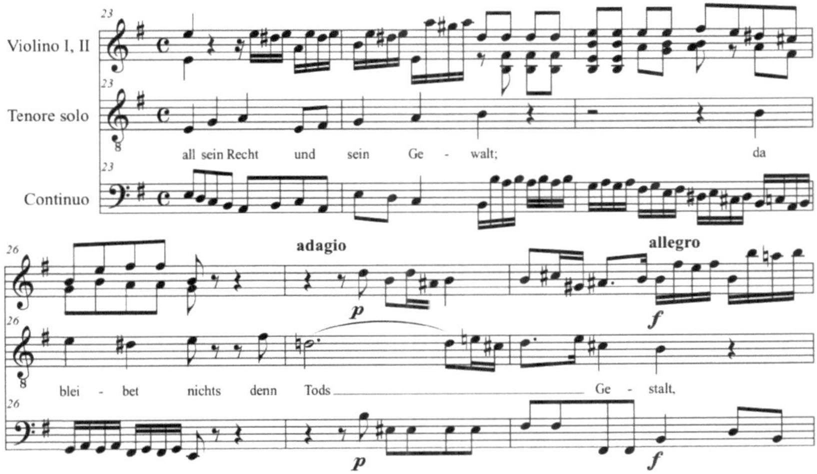

BWV 4/4, T. 23–28

Auf den ersten Blick lässt sich alles durch den vertonten Text erklären: Auf „nichts“ endet die Musik abrupt mit einer Generalpause – ein mimetisches Verfahren, welches effektvoll das „nichts“ abbildet. Die „Tods Gestalt“ wird durch die *adagio*-Vorgabe in ein unheimliches Licht gerückt; zögerlich spinnen die Violinen dazu eine imitatorische Struktur, bis nach „Tods Gestalt“ die Musik im *allegro* wieder unvermutet mit dem lebendigen Violinmotiv Fahrt aufnimmt – so, als ob es die unheimliche Passage zuvor nicht gegeben hätte. Das mimetische Verfahren, das geradezu reflexartige Reagieren der Musik auf bildliche Ausdrücke in dem vertonten Text kann jedoch nicht alles erklären. Es gibt ein interessantes Detail, welches uns einen Einblick in Bachs Lesart des Textes gewährt: Das *allegro* setzt nicht nach der Deklamation von „Tods Gestalt“ wieder ein, sondern vielmehr punktgenau auf der Silbe „-stalt“ von „Tods Gestalt“. Die hymnologischen Quellen liefern einen einleuchtenden und präzisen Hinweis, wie man zur Zeit Bachs diesen Text gelesen hat und wie Bach wohl dadurch zu eben dieser Art der Silbenverteilung und den zugeordneten musikalischen Ereignissen gekommen ist. Cyriacus Spangenberg (1528–1604) – einer der ersten nachreformatorischen Gelehrten, der sich schon vor der eigentlichen „Frühzeit hymnologischer Forschung“[96] Auslegungen von Liedern Martin Luthers widmete – schrieb 1571 in der *Cithara Lutheri* zu der „Tods Gestalt“ im dritten Vers des Osterliedes: „Es sihet wol, wenn wir sterben, als keme der ewige Todt, und düncket uns auch, wenn unsere mitbrüder und mitschwestern die augen zuthun, und keinen Athem mehr haben, als weren sie todt, Aber es ist nichts mehr denn todes gestalt.“[97] Spangenberg relativiert den Schrecken des Todes, indem er wortwörtlich Martin Luthers Lieddichtung auslegt. Was wir sehen, so Spangenberg, ist ja nur noch („nichts mehr denn“) die Gestalt eines Todes. Die Verstorbenen scheinen tot zu sein („als weren sie todt“), das sei aber nur eine Täuschung („es sihet wol“). Dies werde offenbar, wenn erkannt wird, dass nicht der Tod, sondern nur die äußerliche „Tods Gestalt“ vor unseren Augen sei. Plastisch setzt Bach diese wörtliche Auslegung Wort für Wort und Silbe für Silbe in Musik: Bis zur Silbe „Ge-“ von „Tods Gestalt“ auf der zweiten Zählzeit von Takt 28 wird das musikalische Geschehen verlangsamt. Auf „-stalt“, genau in dem Moment, in welchem die Deklamation von „Tods Ge-stalt“ abgeschlossen wird, mithin klar werden soll, dass nicht der Tod, sondern nur die Gestalt des Todes bleibt, taucht unvermittelt im *allegro* und *forte* das lebendige Motiv der Violinen wieder auf. Bach nutzt die Silben des Wortes „Tods Gestalt“ gleichsam als Scharnier, um die österliche Botschaft des Sieges über den Tod zu vermitteln. Die Auslegung von Cyriakus Spangenberg steht nicht für sich allein. David Heermann etwa erwähnt in seinem 1722 erschienenen *Erklärten Liederschatz*, einem glossierten Gesangbuch, die Todsgestalt sei „Nur ein äusserliches Ansehen, wir sterben nicht mehr, ob wir gleich sterben, sondern wir behalten das Leben“[98], der Tod müsse daher nur als „eine Larve und äusserliche Gestalt“[99] betrachtet werden. Johann Martin Schamel merkt in seinem *Evangelischen Lieder-Commentarius* von 1724 zu dem Wort „Gestalt“ an: „der Tod ist den Gläubigen kein Todt. Er hat nicht einmal

96 Vgl. Kap. 1 *Hymnologische Quellen im 18. Jahrhundert.*

97 Cyriakus Spangenberg: *Cithara Lutheri*, Bd. 1, Mühlhausen 1571, S. 185 v.

98 Heermann, *Lieder-Schatz*, S. 107.

99 Ebd.

diesen Nahmen mehr."[100] Gabriel Wimmer führt die spezifische – positive – Lesart von „Tods Gestalt" in seiner *Lieder-Erklärung* von 1749 vielleicht am deutlichsten aus: „Da bleibet nichts denn Tods-Gestalt, oder das äusserliche, jämmerliche Ansehen eines todten Leichnams, der doch gar sanfte ruhet, und dessen Seele zum ewigen Leben bereits eingegangen ist."[101] Die Deutung, dass Bach mit den drei Silben des Wortes „Tods-Ge-stalt" ein Scharnier schafft, um auf der letzten Silbe die geistliche Bedeutung des Wortes mit einem spektakulären Affektumschwung aufleuchten zu lassen, kann mit einer Parallelstelle in der Komposition noch weiter untermauert werden. Wie bereits erwähnt, erscheint es naheliegend die Akkorde in den Violinen ab der zweiten Zählzeit von Takt 24 als brachialen Ausdruck von „Gewalt" („all sein Recht und sein Gewalt") zu hören. Aber auch hier platziert Bach den Affektwechsel von dem filigranen Motive der Violinen zu den Akkordauftürmungen erst auf der zweiten Silbe von „Ge-walt". Die Reimwörter „Gewalt" und („Tods-) Gestalt" werden demnach mit einer identischen Dramaturgie ausgestattet. Man kann diese Dramaturgie durchaus als naiv bezeichnen, ohne dies abwerten zu wollen. Denn was suggeriert dieses Spiel mit den Silben? Angenommen wird ja gewissermaßen, dass erst auf der Schlusssilbe – und dann vollkommen überraschend – Spielern und Hörern der Musik klar wird, auf welches Wort die Deklamation hinausläuft. Die Musik ist in einem hohen und offensichtlichen Maße inszeniert. Dass Johann Sebastian Bach in seinen früheren Vokalwerken ein solches, noch engeres Verhältnis von Wort und Ton pflegte, ist schon von Philipp Spitta beobachtet worden. Für Spitta legt BWV 4 „Zeugniß ab von einem geflissentlichen Zurückgreifen auf alterthümliche Ausdrucksformen".[102] Versucht wurde darzulegen, wie diese „altertümlichen Ausdrucksformen" – und dazu zählt auch eine kleingliedrige, den Text unmittelbar reflektierende Motivik – ihren ideellen Ursprung in den hymnologischen Lesarten der Zeit haben können. Nicht sollen damit Ausdrucksformen alleine in Bachs frühen Kantaten mit den hymnologischen Lesarten begründet werden. Die nachfolgenden Werkbetrachtungen von Werken aus Bachs Leipziger Zeit zeigen die

100 Schamel, *Lieder-Commentarius*, S. 205.

101 Wimmer, *Lieder-Erklärung*, Bd. 1, S. 319.

102 Philipp Spitta: *Johann Sebastian Bach*, Bd. 2, Leipzig 1880, S. 221.

Möglichkeit auf, wie auch „modern" – etwa durch eine gleichbleibende affekttragende Struktur in einer eigenständigen Begleitung – Lesarten ursächlich für einen musikalischen Ausdruck werden können. Doch bei vorliegendem Beispiel wäre es kurzsichtig, die Kleingliedrigkeit allein stilgeschichtlich begründen zu wollen. Bachs kompositorische Entscheidungen gehen vielmehr direkt auf Lesarten zurück, die uns nicht mehr vertraut sind und erst wieder rekonstruiert werden müssen.

Zuletzt, als ein abschließender Exkurs dieser Werkbetrachtung, sei noch eine Frage angerissen, die sich vor dem Hintergrund auftut, dass Johann Pachelbels Vertonung von *Christ lag in Todesbanden* PWV 1205 üblicherweise als Vorbild für BWV 4 in Gänze angesehen bzw. auf Ähnlichkeiten verwiesen wird: Reflektiert Pachelbel auch in ähnlicher Weise den hier im Detail untersuchten Text? Ein Blick auf die entsprechende Passage in PWV 1205 legt dies nicht nahe:

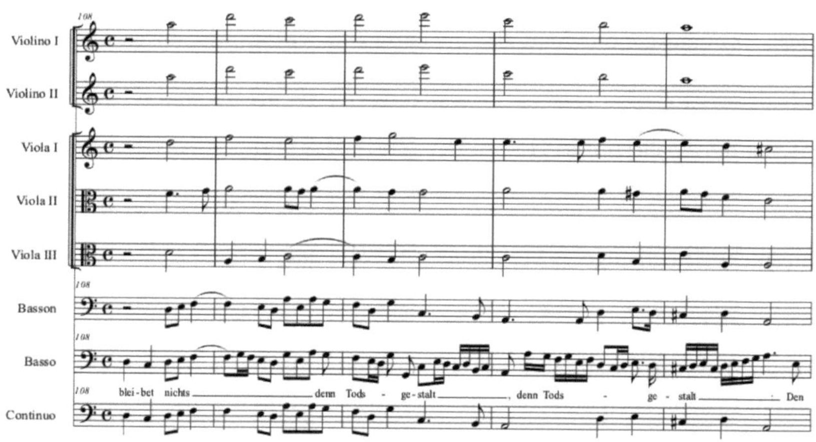

PWV 1205, T. 108-112[103]

103 Alle Notenbeispiele der Werke von Pachelbel sind entnommen: Johann Pachelbel: *Concerti II*, hrsg. von Thomas Röder (= *Johann Pachelbel. Säntliche Vokalwerke*, Bd. 8), Kassel u. a. 2012.

Ohne werten zu wollen, lässt sich sachlich feststellen: Pachelbel inszeniert die „Todsgestalt“ nicht annähernd so effektvoll, wie Bach dies tut. Ist bei Pachelbel überhaupt eine Inszenierung intendiert? Mit Blick auf die Grundfaktur des Satzes – ersichtlich schon an den ersten Takten der Deklamation – lässt sich eher ein „durchkomponiertes“ Verfahren konstatieren, bei welcher der Cantus firmus in langen Notenwerten in den Streichern erklingt und der Basssolist dazu in einem erregten Affekt den kolorierten Cantus firmus deklamiert. Blickt man auf die Deklamation der ersten Worte – „Jesus Christus, Gottes Sohn“ – lässt sich für das später erklingende „da bleibet nichts denn Todsgestalt“ kein qualitativer Unterschied, keine Steigerung von Vitalität, kein kompositorischer „Sonderstatus“ feststellen:

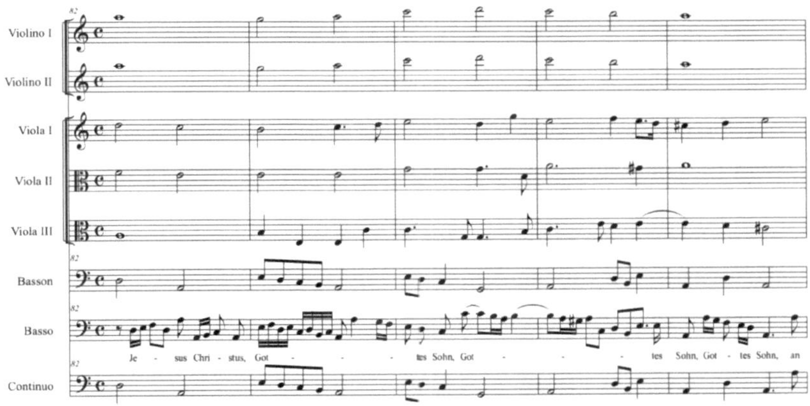

PWV 1205, T. 82-86.

Pachelbel und Bach entscheiden sich für sehr unterschiedliche Wege die initialen Worte des dritten Verses von Martin Luthers Osterlied zu deklamieren. Bei Bach ist fast jede Silbe einer Viertelnote zugeordnet. Die Festigkeit und Entschiedenheit der Deklamation wird auf eigentümlich kontrastierende Weise von dem lebendigen Motiv der Violinen begleitet. Anders Pachelbel: Die Deklamation ist sehr melismatisch und lebendig – allein „Je-sus“ wird auf fünf Töne gesetzt –, während die Violinen in langen getragenen Noten den Cantus firmus vortragen. Dieses Muster ändert Pachelbel auch nicht ab den in T. 108

einsetzenden Worten „bleibet nichts denn Todsgestalt". Ziel des Vergleichs mit Johann Pachelbel war nicht, die frühe – wohl um 1700 entstandene – Choralkantate als Vorgänger, als Modellvorbild für Bachs Kantate generell in Frage zu stellen. Der Vergleich gibt aber zu denken, inwieweit nicht bei allen Überlegungen zu „Einflüssen" und „Modellen", die Bach geprägt haben, der Radius potentieller Quellen viel weiter gefasst werden sollte. Die auffälligste Passage in der Arie „Jesus Christus, Gottes Sohn" lässt sich nicht mit einem kompositorischen Vorbild, sondern vielmehr mit der Hymnologie um 1700 ergründen.[104]

3.3 *Christ unser Herr zum Jordan kam* (BWV 7/1)

BWV 7/1
Christ unser Herr zum Jordan kam
Nach seines Vaters Willen,
Von Sankt Johanns die Taufe nahm,
Sein Werk und Amt zu erfüllen;
Da wollt er stiften uns ein Bad,
Zu waschen uns von Sünden,
Ersäufen auch den bittern Tod
Durch sein selbst Blut und Wunden;
Es galt ein neues Leben.

Die Kantate *Christ unser Herr zum Jordan kam* ist das dritte Werk innerhalb des Choralkantatenjahrgangs 1724/1725 und wurde am 24. Juni 1724, am Fest Johannes des Täufers, erstmalig aufgeführt: In der Frühpredigt in der Nikolaikirche mit einer Predigt von Superintendent Salomon Deyling und am Nachmittag im Vespergottesdienst mit einer Predigt von Archidiakonus

104 Vgl. für einen sehr ähnlich gelagerten Fall das Kap. 3.7 *Confessio fraudis* und *confessio laudis* (BWV BWV 4/3, BWV 66/6).

Urban Gottfried Sieber.[105] Die vorgeschriebene Evangelienlesung für diesen Festtag war Lk 1,57–80, die Geburt Johannes des Täufers und der Lobgesang des Zacharias. Auffällig ist, dass das Katechismuslied Martin Luthers zum Sakrament der Taufe keinerlei spezielle Verbindungen zur Lesung aufweist, da es ja die Taufe Jesu im Jordan, nicht aber die Geburt des Täufers und das Canticum Zachariae behandelt.[106] Einen interessanten Hinweis liefert die Lektüre des *Evangelischen Liederschatz* von Johann Christoph Olearius, dessen zu dem Lied entworfenes Exordium polemisch gerade auf die Taufe Jesu im Jordan im Gegensatz zur Geburt Johannes des Täufers abzielt:

> „Exord. Heute ist der Gedächtniß Tag des *H. Johannis*, an welchem wir der Papisten *Cultum* gar beyseit setzen, hingegen nicht so wohl, nach Anleitung des Evangelii, Luc. 1 von Johannis Geburt, Benennung und Wachsthum handeln, sondern vielmehr auff sein hohes Tauff-Ammt sehen, in welchem er nicht nur viel Jüdisches Volck, sondern Christum selbst, auff Befehl, getaufft, und daher noch itzo der Täuffer genennet wird, von welcher Tauffe ausführlich dieser Gesang handelt […].“[107]

Der *Leipziger Kirchenstaat* von 1710 bestätigt mit der Auswahl der Lieder, dass es an dem Festtag die Möglichkeit gab, zwischen dem so bezeichneten Canticum Zachariae – *Gelobet sei der Herr, der Gott Israel* – und *Christ unser Herr zum Jordan kam* auszuwählen.[108] Die *Leipziger Kirchenandachten* bestätigen dies[109] und weisen eigens darauf hin, dass „Vor- und Nachmittage […] das Lied von der Tauffe: Christ unser Herr zum Jordan kam“ gesungen wurde.[110] Weil insbesondere an diesem Tag die Möglichkeit bestand in der Predigt sich auf zwei exegetische Schwerpunkte einzulassen – die Geburt Johannes des

---

105 Die Predigten sind nicht überliefert. Vgl. Martin Petzoldt: *Theologisch-Musikwissenschaftliche Kommentierung der geistlichen Vokalwerke Johann Sebastian Bachs*, Bd. 3, Kassel u. a. 2018, S. 134.

106 Vgl. Alfred Dürr: *Die Kantaten von Johann Sebastian Bach*, Kassel u. a. 1971, S. 561.

107 Olearius, *Lieder-Schatz*, Bd. 3, S. 46.

108 N.N.: *Leipziger Kirchen-Staat*, Leipzig 1710, S. 117–121.

109 Gottlob Friedrich Seeligmann: *Leipziger Kirchen-Andachten*, Bd. 2, Leipzig 1694, S. 112.

110 Gottlob Friedrich Seeligmann: *Leipziger Kirchen*-Andachten, Bd. 1, Leipzig 1694, S. 67.

Täufers, ausgehend vom Evangelium oder die Taufe Jesu, wie sie das Lied Martin Luthers thematisiert –, sollte davon ausgegangen werden, dass Bach und dessen uns unbekannter Librettist in Vorbereitung auf die „Music“ am 24. Juni 1724 das Lied Martin Luthers in Absprache mit dem Geistlichen ausgewählt haben. Anders, im Umkehrschluss gedacht: Auch wenn die Predigt nicht mehr vorliegt, gibt die erhaltene Musik zumindest einen Hinweis auf deren Thematik, welche an diesem Tag wohl die Taufe Christi im Jordan in den Fokus rückte. Zum Vergleich: In der ein Jahr zuvor, am 24. Juni 1723, aufgeführten Kantate zum Johannisfest – *Ihr Menschen, rühmet Gottes Liebe* BWV 167 – wird das Evangelium des Festtags gar in wörtlichen Zitaten reflektiert.[111] Die völlig unterschiedliche Fokussierung der vertonten Texte zum Johannistag in Bachs beiden ersten Amtsjahren in Leipzig legen nahe, dass eine Abstimmung zwischen Prediger, Kantor und seinem Librettisten stattgefunden haben wird.

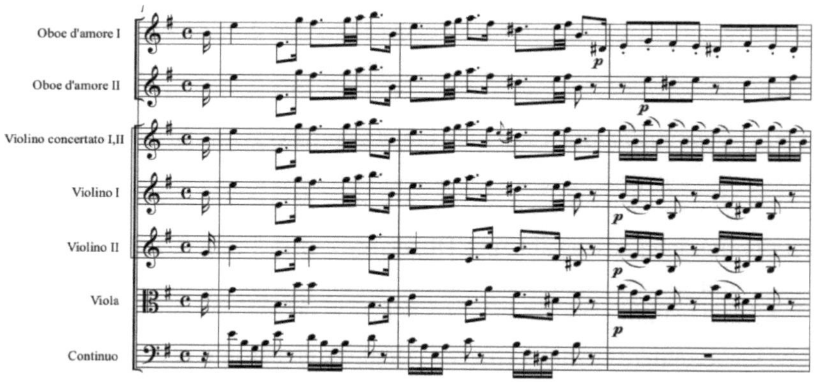

BWV 7/1, T. 1–3

111 „Der Text des unbekannten Dichters preist Gottes Liebe in Anlehnung an den Lobgesang des Zacharias, das ‚Benedictus‘, das einen Teil der Evangelienlesung bildet. Einzelne Wendungen wie das ‚Horn des Heils‘ (Satz 1) oder ‚Gelobet sei der Herr Gott Israel‘ (Satz 2) sind fast wörtlich übernommen (vgl. Luk. 1, 68–69).“ (Dürr, *Kantaten*, S. 558.)

Der große Eingangssatz der Kantate ist in der Literatur Gegenstand umfangreicher und detaillierter Deutungen geworden. Als symptomatisch für die Ernüchterung, die sich in der zweiten Hälfte des 20. Jahrhunderts beim Rückblick auf spekulativ gewertete hermeneutische Ansätze früherer Generationen von Bachforschern einstellte, kann Alfred Dürrs Kommentar zu der Thematik gesehen werden. Nach Identifizierung eines Wellenmotivs in dem Satz[112] kommt Dürr auf das scharf punktierte Tuttithema zu sprechen:

> „Schwerer zu interpretieren ist das eigentliche Tuttithema, zu dem die eben erwähnte Wellenfigur nur den Untergrund gibt, ein schroffes, scharf rhythmisiertes, markantes Gebilde, in dem Arnold Schering die Felsen sehen will, ‚durch deren Enge der Strom sich hindurchwindet' (Vorwort zur Eulenburg-Partitur). Doch halten wir diese Erklärung keineswegs für zwingend und glauben, daß sich gewiß eine Reihe weiterer, ebenso unverbindlicher Erklärungsmöglichkeiten wird beibringen lassen. Wichtiger als derartige vage Hermeneutik scheint uns der musikalische Sachverhalt zu sein: Dem fließenden, rhythmisch indifferenten Wellenmotiv tritt ein profiliertes rhythmisch differenziertes Thema gegenüber."[113]

Die von Alfred Dürr auszugsweise zitierte Passage der Besprechung des Orchestersatzes durch Arnold Schering ist in ihrer Ausführlichkeit und detaillierten Ausdeutung der musikalischen Struktur in der Tat bemerkenswert. Weil sie für die vorliegend erarbeiteten Interpretationen relevant ist, soll auch sie etwas umfangreicher zitiert werden:

112 „Allerdings sind auch die Instrumentalabschnitte selbst vom Figurenwerk der Solovioline durchzogen; und vielleicht sind diejenigen Erklärer im Recht, die darin das glitzernde Wellenspiel des Jordanflusses erkennen wollen. Denn daß Bach sich tatsächlich von der Vorstellung des dahinströmenden Jordan hat inspirieren lassen, beweist eine unverkennbar als ‚Wellenmotiv' anzusprechende Figur, die eingangs im Continuo, danach wechselweise auch in den Ripienoviolinen samt der Viola auftritt und den ganzen Satz fast pausenlos durchzieht" (Dürr, *Kantaten*, S. 562.)

113 Dürr, *Kantaten*, S. 562.

„Das Naturbild des Strömens und Wogens selbst hat Bach mit unbegreiflich genialer Hand in etwa sechs bis sieben plastischen Hauptmotiven eingefangen, die er im Verlaufe in immer neuen Kombinationen auftreten läßt. Das eigentliche Wogemotiv tritt bereits in Takt 1 im Baß auf, ein zweites in Takt 8 der Solovioline, die überhaupt die Aufgabe hat, über den großen Wogen das Wiegen, Glänzen, Flimmern der kleineren Wellen zu malen, je nachdem ihre Figuration aus lauter gebundenen Noten (wie in Takt 3), aus teils gebundenen, teils staccierten (wie in 13) besteht. Daneben erscheint eine weichere Form sanften Gleitens (Takt 8 in den Oboen), ferner jene schroffe, zackige, die den Eingangstakten ihr Gepräge gibt. Daß diese letztere, die sich im Verlaufe als eine Art Tuttithema immer wieder den Wogefiguren entgegenstellt, die Felsen zu symbolisieren hat, durch deren Engen der Strom sich hindurchwindet, kann nicht zweifelhaft sein."[114]

Auf Arnold Scherings Deutungen und Alfred Dürrs Kritik soll am Ende dieses Kapitels noch einmal eingegangen werden. Doch angesichts der detaillierten Ausdeutung des Wort-Ton-Verhältnisses in der Forschungsliteratur stellt sich zunächst die Frage: Was war für Bachs Zeitgenossen selbstverständlich, wenn sie dieses Lied gesungen und gehört haben? Welchen Radius von Deutungsmöglichkeiten bieten die hymnologischen Quellen? Weil die hymnologischen Notizen zu *Christ unser Herr zum Jordan kam* im Hinblick auf Bachs Komposition alternative Deutungen bieten, erschien es in diesem Fall sinnvoll, drei verschiedene Interpretationsansätze zu erarbeiten und zur Diskussion zu stellen.

Interpretation I: *Sein Werk und Amt zu erfüllen*

Der Beginn des Eingangschors lässt tatsächlich aufhorchen und fragen: Was ist die Intention des anfänglich exponierten und im gesamten Satz immer wieder erklingenden scharf punktierten Tuttithemas in den Bläsern und Streichern? Es ist *das* satzstrukturelle Merkmal, mit welchem die Hörer zuerst konfrontiert werden und die Physiognomie der Komposition prägt. Ausgehend von musi-

114 Arnold Schering: *Über Kantaten Johann Sebastian Bachs*, Leipzig 1950, S. 159 f.

kalischen bzw. gattungsspezifischen Topoi liegt es nahe, punktierte Rhythmen im vollen Tuttiklang im Kontext eines Eröffnungssatzes als ersten Teil einer französischen Ouvertüre zu hören – vergleichbar etwa mit der zwei Wochen zuvor, am 11. Juni 1724, erklungenen Eröffnung der ersten Choralkantate *O Ewigkeit, du Donnerwort* BWV 20. Eine festliche und majestätische Stimmung wird mit diesem Satzmodell assoziiert, was zu den Anmerkungen in den hymnologischen Quellen passen würde, in denen besonders die Zeile „Sein Werk und Amt zu erfüllen" hervorgehoben wird. So wird in dem *Evangelischen Lieder-Commentarius* von Johann Martin Schamel der erste Vers mit „Einsetzung"[115] überschrieben – gemeint ist die Einsetzung des Taufsakraments, Teil von Christi „Werk und Amt". Bei Christoph Bilhuber heißt es, dass Christus das Amt „damals eben antretten wollte"[116] und dass die Verse 1–4 von der „Einsetzung, Natur und Beschaffenheit der heiligen Tauffe"[117] handeln, wobei es naheliegt, die „Einsetzung" auf Vers 1 zu applizieren. Schließlich erwähnt Gabriel Wimmer in seiner *Ausführlichen Liedererklärung*, dass „Christus, als ein Mittler des neuen Bundes kommen [sei] uns durch den Jordan der Tauffe ins himmlische Canaan einzuführen, so war es allerdings auch sein Werck und Amt voran zu gehen, und uns durch seine heilige Fußstapfen den Weg zu zeigen, und Sicherheit zu verschaffen."[118] Aus den punktierten Rhythmus des Tuttihauptthemas ein festliches und majestätisches Schreiten Jesu Christi beim Antreten seines Taufamtes herauszuhören, ist eine Interpretation, die von den Hymnologen zur Zeit Bachs nahegelegt wird. Nicht inbegriffen in diese Deutung ist allerdings das Motiv, welches durchgehend von der konzertanten Violine ab T. 3. vorgetragen wird.

Interpretation II: Im Spiegel der Dispositionen

Es gibt ein Erklärungsmodell für beide Motive des Eingangssatzes. Die Auslegung der Lieder in den Liederkommentaren der Bachzeit erfolgte, wie in einer

115 Schamel, *Lieder-Commetarius*, S. 297.

116 Bilhuber, *Lieder-Schatz*, Bd. 1, S. 797.

117 Ebd., S. 800.

118 Wimmer, *Lieder-Erklärung*, Bd. 2, S. 307 f.

Predigt, häufig über eine Einteilung (*dispositio*) gemäß den Regeln der Rhetorik bzw. den fünf Stadien zur Verfertigung einer Rede. Überlieferte Dispositionen von Liedern zum Zwecke der Grundlage einer Predigt bzw. Liederpredigt zeigen diesen zeittypischen schematischen Zugang, wie er in Predigten praktiziert wurde. Bei dem Vers „Christ unser Herr zum Jordan kam" wird die Rede bzw. Predigt eingeteilt in die Fragen „Wer?" und „Wo?". So heißt es bei Cyriacus Spangenberg:

> „So werden nun im ersten Vers [gemeint ist die gesamte erst Strophe] acht Stücke angezeigt, die man von der heiligen Taufe wissen und verstehen soll.
> Wer die heilige Taufe gestiftet.
> Wo solches geschehen
> […]"[119]

Und noch in der Mitte des 18. Jahrhunderts bei Gabriel Wimmer:

> „Ein lehr-reiches Glaubens-Lied von der heiligen Tauffe,
> und zwar:
> I. Von der Tauffe Christi, v. 1 wobey
> Wer getauffet worden: Christ, unser HErr
> Wo? Zum Jordan kam."[120]

Der schematischen Abhandlung in den Dispositionen des Liedes entspricht eine Parallele in der ebenso blockhaften Aneinanderreihung der beiden Hauptmotive in Bachs Komposition. Das scharf punktierte Motiv A (T. 1–2), assoziierbar mit einer festlichen französischen Ouvertüre, zugleich auch Herrschaftliches evozierend, entspricht dem „Wer?", also dem „Christ unser Herr". Motiv B (T. 3 ff.) kann, wie schon Schering und Dürr anmerkten, als Wellenmotiv

119 Cyriakus Spangenberg: *Cithara Lutheri zum Katechismus, oder Spangenbergs Predigten über Luthers Katechismuslieder*, hrsg. von Wilhelm Thilo, Berlin 1855, S. 218. [Neuauflage der Erstausgabe von 1569]

120 Wimmer, *Lieder-Erklärung*, Bd. 2, S. 304.

gesehen und gehört werden und entspräche damit dem „Wo?“, den Worten „zum Jordan kam“.

Interpretation III: „Und heißet Jordan so viel, als eine Herabsteigung zum Gericht …“

Eine dritte Möglichkeit der Auslegung bezieht sich wieder primär auf das punktierte Tuttithema. Diese Auslegung wird heutigen Hörer*innen wohl besonders fremd erscheinen und soll daher etwas ausführlicher besprochen und mit Quellenmaterial illustriert werden. Sie entspringt der typischen innerbiblischen Auslegung in der lutherischen Orthodoxie, auf deren Relevanz Martin Petzoldt auch immer wieder hingewiesen hat.[121] Der Name des Flusses Jordan eröffnete den Exegeten die Möglichkeit einer dramatischeren Auslegung der ersten Strophe von Martin Luthers Tauflied, als der Text dies in einem intuitiven Verständnis nahelegt. Eine Interpretation, die sich durchgängig in allen Liederkommentaren findet, rekurriert auf die Bedeutung des Jordans als „Sündenfluss“. Das Herabsteigen Jesu zum Jordan wird bereits als bedeutungsvoll für Jesu Weg, seine Passion gedeutet. So schreibt schon Cyriacus Spangenberg dazu 1569:

> „Und heißet Jordan so viel, als eine Herabsteigung zum Gericht, dadurch uns denn der Sünden Fluß vorgebildet wird, der aus den zweien Brunnen, des Teufels Antreiben und menschlichem Willen, entspringet und mitten durch das ganze menschliche Geschlecht, durch alles Fleisch fließet, großes Wesen und Fluthen anrichtet und endlich durch die Wüste dieser Welt ins todte Meer, das ist die Hölle, läuft, darinnen alle Sünder ertrinken und ewig in Feuer und Schwefel verderben müssen,

121 Für die kreisende Figur in den Streichern im Eingangschor der Johannespassion BWV 245 verweist Petzoldt beispielsweise auf das erste Rezitativ und die Erwähnung des Baches Kidron („Jesus ging mit seinen Jüngern über den Bach Kidron“). Davon ausgehend legt er die in der lutherischen Spätorthodoxie typische Assoziationskette dar: Der Names des Baches Kidron ist nicht nur eine geographische Bezeichnung, sondern für die Zeitgenossen Bachs eine Möglichkeit, Jesu Leiden bereits vorgezeichnet erscheinen zu lassen, da „Kidron“ „schwarzer Fluss“ bedeutet, und dies wiederum als Sinnbild für die Sünden der Welt angesehen wurde. (Vgl. Petzoldt, *Kommentierung*, Bd. 3, S. 661 f.)

> wonicht der Herr Christus in den Jordan, das ist zum Gerichte, Höll' und Tod herniedergestiegen wäre und solches Gericht sammt der Sünde und dem Tode auf sich geladen, und dadurch zum Leben gedrungen hätte. Hat aber durch solche seine Erniedrigung und Herniedersteigen zum Gerichte, im Jordan alle Wasser uns zur seligen Sündfluth weihen und heiligen wollen. So viel soll uns der Ort erinnern."[122]

Zeitlich nur wenig später findet sich bei Simon Pauli in den *Erklärungen der Lieder Martin Luthers*:

> „Jordan heisset niedersteigung oder herabsteigung zum gerichte, dadurch wird fürgebildet, das, wie der Jordan zusamen fleusset aus zweien brunnen, Jor und Dan geheissen, als oben gemeldet: Also entspringet die Sünde, so den todt mitbringet, aus des Teuffels neid, und des Menschen freyen willen. Sapient. 2. [...] Denn der HERR Jesus Christus, zum Jordan, wie wir in diesem geistlichen Liede singen, kam, das ist, zum Gerichte der Sünden, welche auff ihn, wie ein wasser gelauffen und geflossen ist, als geschrieben stehet, Esa. 53."[123]

Und auch noch Gabriel Wimmer greift diese exegetische Tradition in der Mitte des 18. Jahrhunderts auf, wenn er mit Blick auf den Jordan und die Taufe Jesu von den „Wasser-Fluten des grimmigen Zorns GOttes"[124] spricht. Lässt sich diese Auslegungstradition mit Bachs Komposition in Verbindung bringen? Die bei uns unversehens einsetzende Assoziation von einem scharf punktierten Rhythmus – zumal im tutti – mit den Attributen „festlich", „feierlich" und „majestätisch" ist eine Perspektive, die im 18. Jahrhundert in dieser Ausschließlichkeit noch nicht existierte. Aufschlussreich sind folgende Ausführungen Johann Matthesons aus dem *Vollkommenen Capellmeister*:

122 Spangenberg, *Cithara Lutheri 1855*, S. 219 f.

123 Simon Pauli: *Außlegung, das ist Erklärung der Deutschen Geistlichen Lieder, so von Herrn Doctore Martino Luthero*, Magdeburg 1588, S. 124 f.

124 Wimmer, *Lieder*-Erklärung, Bd. 2, S. 306.

> „ja in Entreen und dergleichen hohen Täntzen, so wie zuweilen in Ouvertüren, wird es ausdrücklich nöthig seyn, viel punctirtes anzubringen: es klingt sehr frisch und lebhafft, druckt verschiedene, muntere, auch einige hefftige Gemüths-Bewegungen sehr wol aus; […].“[125]

„Hefftige Gemüths-Bewegungen“, im zeitgenössischen Vokabular ein Synonym vor allem für starke negative Affekte, können, im Hinblick auf Exegese und Musikbegriff des 18. Jahrhunderts, mit den punktierten Rhythmen im Eingangschor der Kantate *Christ unser Herr zum Jordan kam* intendiert gewesen sein. Ein Blick in Bachs Kantatenschaffen zur Untermauerung dieser Deutung bietet sich an. In der für den Sonntag nach Neujahr 1724 in Leipzig aufgeführten Kantate *Schau, lieber Gott, wie meine Feind* BWV 153 fußt das musikalische Material der Tenorarie „Stürmt nur, ihr Trübsalswetter“[126] auf folgenden einleitenden Takten:

125 Mattheson, *Capellmeister*, S. 151.

126 Stürmt nur, stürmt, ihr Trübsalswetter,
Wallt, ihr Fluten, auf mich los!
Schlagt, ihr Unglücksflammen,
Über mich zusammen,
Stört, ihr Feinde, meine Ruh,
Spricht mir doch Gott tröstlich zu:
Ich bin dein Hort und Erretter.

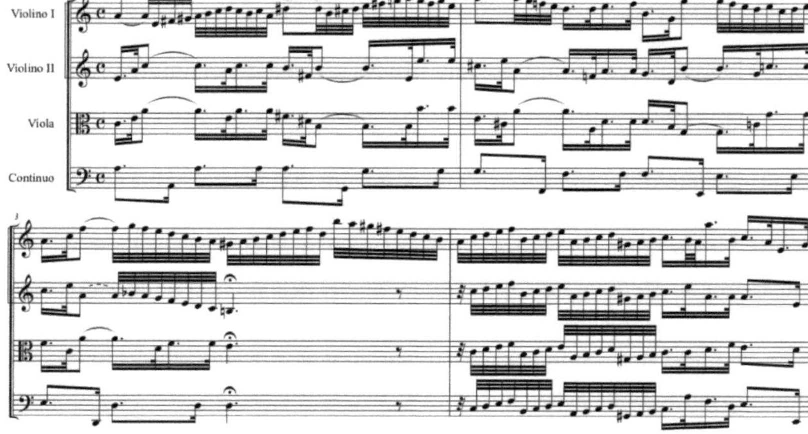

BWV 153/6, T. 1–4

In diesem Fall, bei einem eindeutigen Text, welcher einen starken negativen Affekt in der musikalischen Umsetzung fordert, erscheint es evident, dass der punktierte Rhythmus eben diesen Affekt geradezu potenziert. Zudem ist im Eingangschor von *Christ unser Herr zum Jordan kam* und in der hier vorliegenden Arie die sich signalartig heraufschwingende Quarte zu Beginn so charakteristisch, dass ein strukturell vergleichendes Hören und Identifizieren ähnlich gelagerter Stimmungen begünstigt wird: Ist es in BWV 7/1 der Quartsprung vom Auftaktsechzehntel aus, so findet sich dieser in BWV 153/6 von der zweiten Note, der Zweiunddreißigstel, aus. In beiden Fällen evoziert dieser rasche Sprung Hast und Unruhe.[127] Und auch der zwei Wochen vor dem Johannistag 1724 erklungene Eingangschor der Kantate *O Ewigkeit, du Donnerwort* BWV 20, kann vor dem Hintergrund sehr ambivalenter Deutungsmöglichkeiten punktierter Rhythmen noch einmal ganz anders gehört werden. Der Eingangschor in Form einer französischen Ouvertüre mit den für diese Form charakteristischen punktierten Rhythmen ist in der Fachliteratur zumeist als ein selbstbewusstes Zeichensetzen des Komponisten, eine Art von Bach geschaffenes „Eingangsportal" für den groß angelegten Zyklus

127 Vgl. Schubert: *Bild, Affekt, Inventio*, S. 17–26.

des Choralkantatenjahrgangs beschrieben worden.[128] Dem Verständnis des 18. Jahrhunderts näher ist jedoch sicher die Annahme, dass die starken Affekte und Bilder der Dichtung Johann Rists ursächlich für die spezifische musikalische Struktur sind:[129]

128 „[die französische Ouvertüre ist] eine Satztechnik, die traditionell als Eröffnungssatz für Opern oder Suiten diente und die hier nun als ‚Eingangsportal' für den Choralkantaten-Jahrgang fungiert." (Markus Rathey: „Der zweite Leipziger Jahrgang – Choralkantaten", in: *Das Bach-Handbuch*, Bd. 1, Bachs Kantaten, TeilBd. 1, hrsg. von Reinmar Emans und Sven Hiemke, S. 331–450, hier: S. 333.)

129 Das der Choralkantate zugrunde liegende Lied Johann Rists kreist gedanklich um das Evangelium zum 1. Sonntag nach Trinitatis, dem Gleichnis vom reichen Mann und armen Lazarus (Luk. 16, 19–31). Die erste Strophe, die Bach in Form einer französischen Ouvertüre vertont, lautet:
O Ewigkeit, du Donnerwort,
O Schwert, das durch die Seele bohrt,
O Anfang sonder Ende!
O Ewigkeit, Zeit ohne Zeit,
Ich weiß vor großer Traurigkeit
Nicht, wo ich mich hinwende.
Mein ganz erschrocken Herz erbebt,
Dass mir die Zung am Gaumen klebt.

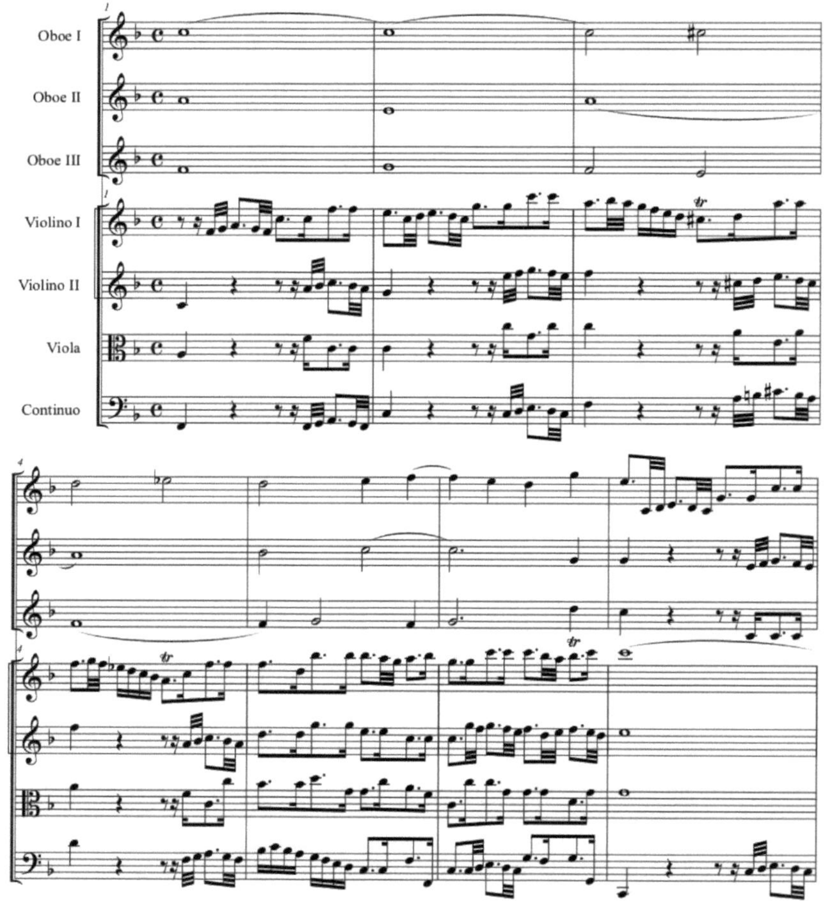

BWV 20/1, T. 1–7

Später in dem Satz – im wiederaufgegriffenen A-Teil der Komposition ab T. 90 – kommentiert Bach gewissermaßen seine Verwendung der punktierten Noten, wenn auf die Worte „mein ganz erschrocken Herz erbebt“ der punktierte Rhythmus silbengenau wieder einsetzt:

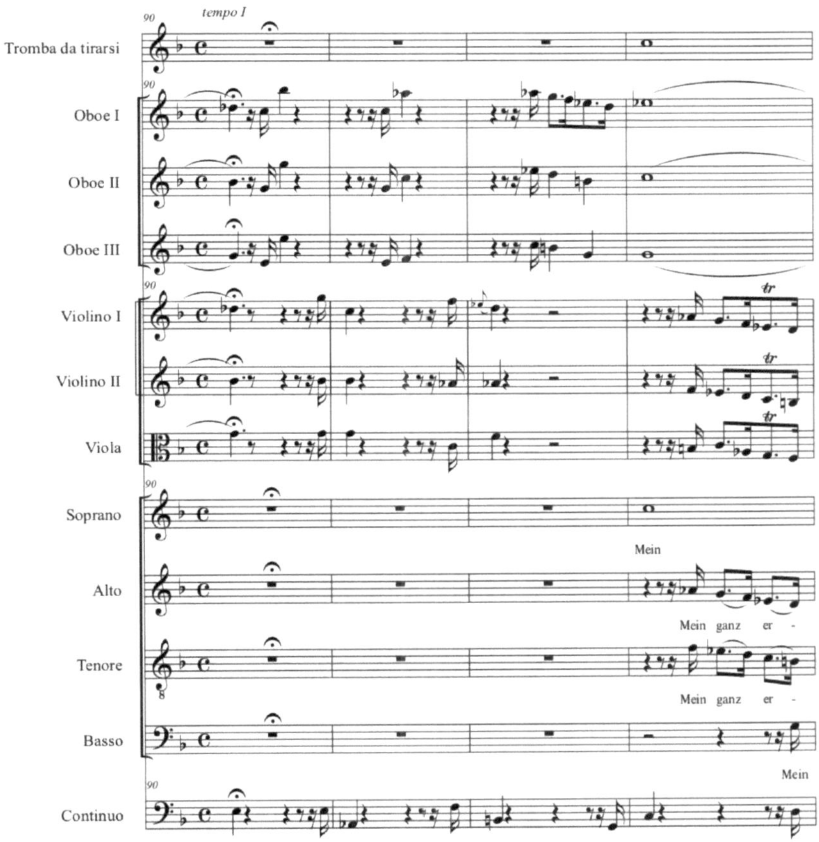
tempo I
Tromba da tirarsi
Oboe I
Oboe II
Oboe III
Violino I
Violino II
Viola
Soprano
Mein
Alto
Mein ganz er -
Tenore
Mein ganz er -
Basso
Mein
Continuo

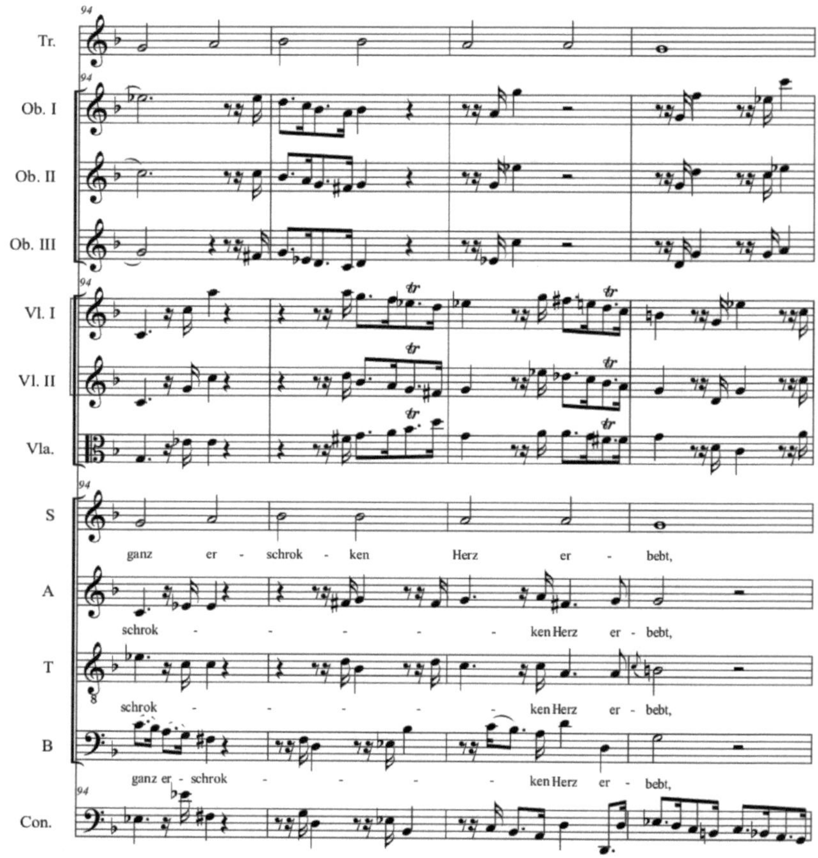

BWV 20/1, T. 90–99

Dazu erscheint passend, was Johann Mattheson im *Vollkommenen Capellmeister* für die Darstellung des Schreckens anführt, die seinen Worten nach eine „ungleiche, unterbrochene, entsetzliche, zitternde Schreib-Art“ erfordere[130] – Attribute, zu denen sicher auch Punktierungen zu zählen sind. Das Ziel der Ausführungen war, den potentiellen Radius von Deutungsmöglichkeiten der

130 Mattheson, *Capellmeister*, S. 72.

musikalischen Struktur im Verhältnis zum zeitgenössischen Verständnis des vertonten Textes aufzuzeigen. Als Ergebnis haben sich drei teilweise widersprüchliche – man denke an die mögliche Konnotation von einem punktierten Rhythmus mit den Attributen „majestätisch“, aber auch „schrecklich“ – Interpretationen ergeben. Einen Mehrwert für das hermeneutische Verfahren scheint mit Blick auf die anfänglich zitierte Besprechung der Kantatensatzes durch Arnold Schering und Alfred Dürrs jedoch erreicht. Denn mit den bis dato nicht zur Kenntnis genommenen kommentierenden Subtexten aus dem hymnologischen Quellen zur erste Strophe von Martin Luthers Tauflied ergibt sich ein geeigneter Maßstab zur Einschätzung Scherings und Dürrs. Alfred Dürr ist zunächst zuzustimmen, wenn er Scherings Deutung des punktierten Tuttithemas als „unverbindlich“ beschreibt und in den Bereich „vager Hermeneutik“ verortet.[131] Scherings hermeneutischer Zugriff erfolgt, wie so typisch für diese Zeit, ad hoc und ohne Absicherung oder Wahrnehmung des zeittypischen exegetischen Hintergrunds. Doch der punktuelle Blick in die Geschichte der Bachdeutung entbehrt hier nicht einer gewissen Ironie: Arnold Schering, für den das punktierte Tuttithema „die Felsen zu symbolisieren hat, durch deren Engen der Strom sich hindurchwindet“,[132] hat intuitiv den Stimmungsgehalt der Musik so erfasst, wie auch die hier erarbeitete Interpretation III („Und heißet Jordan so viel, als eine Herabsteigung zum Gericht …“) es nahelegt. Ja, wenn Schering wenig später sinniert, dass wohl in Bach noch der „Luthersche Glaubendgedanke“ lebte, nach welchem „das heilige Wasser nicht nur von Sünden rein wäscht, sondern auch den ‚bittern Tod‘ ersäufen kann“,[133] ist er einer historisch abgesicherten Interpretation der Komposition vielleicht näher als intendiert. Auch in der nächsten Werkbetrachtung wird uns Arnold Schering gleich noch einmal begegnen.

---

131 Vgl. S. 67.

132 Schering, *Kantaten*, S. 160.

133 Ebd.

3.4 *Des Vaters Stimme ließ sich hören* (BWV 7/4)

BWV 7/4
Des Vaters Stimme ließ sich hören,
Der Sohn, der uns mit Blut erkauft,
Ward als ein wahrer Mensch getauft.
Der Geist erschien im Bild der Tauben,
Damit wir ohne Zweifel glauben,
Es habe die Dreifaltigkeit
Uns selbst die Taufe zubereit'.

Die Arie „Des Vaters Stimme ließ sich hören" ist der vierte Satz der zum Johannistag 1724 erklungenen Kantate *Christ unser Herr zum Jordan kam* BWV 7.[134] Die Strophen drei und vier des Taufliedes von Martin Luther wurden zu dem vierten Satz der Kantate umgedichtet.

134 Vgl. die Hinweise zur Textgrundlage der Kantate und ihrer Stellung im Kirchenjahr auf S. 64 f.

Vergleich Strophe 3 und 4 von „Christ unser Herr zum Jordan kam“ (Martin Luther, 1541)[135] und „Des Vaters Stimme ließ sich hören“ (BWV 7/4)

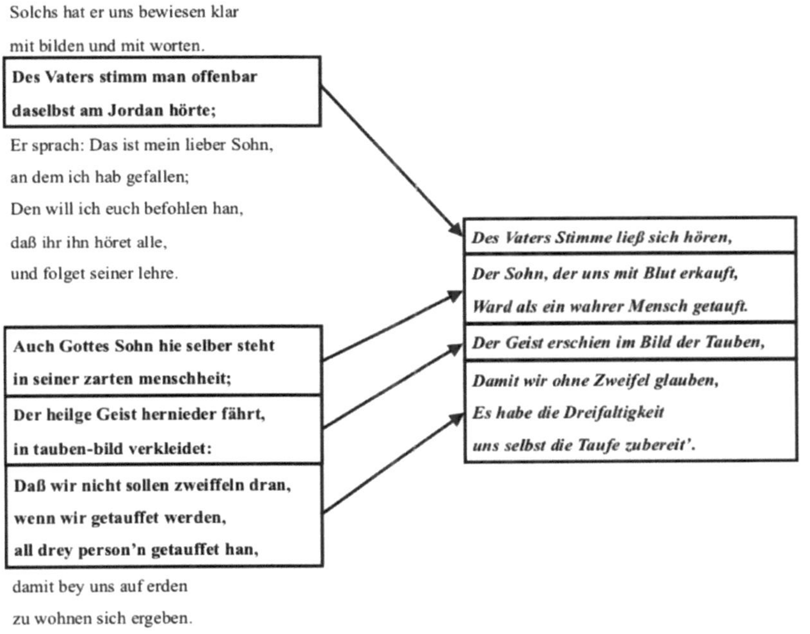

Abermals soll Arnold Schering mit einer interessanten Beobachtung zitiert werden. Doch das, was Schering zu dieser Komposition verschriftlichte, wirkt wie eine Kapitulation. Ein Kapitulation vor einem nicht oder nur schwer zu erklärenden Verhältnis von Text und Musik:

> „[…] die a-moll-Arie (‚Des Vaters Stimme …‘) enthält gewisse schwer verständliche Sonderbarkeiten. Wiederum wird, da die Konzeption der Musik davon ihren Ausgang nahm, das beginnende Instrumentalvorspiel zur Entschlüsselung das Beste beitragen. […] Daß er zwei kon-

135 Zitiert nach: Bernhard Walter Marperger: *Das privilegirte ordentliche und vermehrte Dreßdnische Gesang-Buch*, Dresden 1727, S. 282.

> zertierende Violinen zum Taubensymbol wählte, ist allerdings auffällig und könnte, […] zu der Annahme verleiten, die Musik sei ursprünglich einem anderen Text (mit Engelssymbolen) zugeordnet gewesen.“[136]

Scherings Spekulationen über einen ursprünglich anderen Text zu der gleichen Musik lassen sich werkgeschichtlich nicht weiter erhärten. Und so bleibt die Frage: Warum besetzte Bach diese Arie mit zwei konzertierenden Violinen?

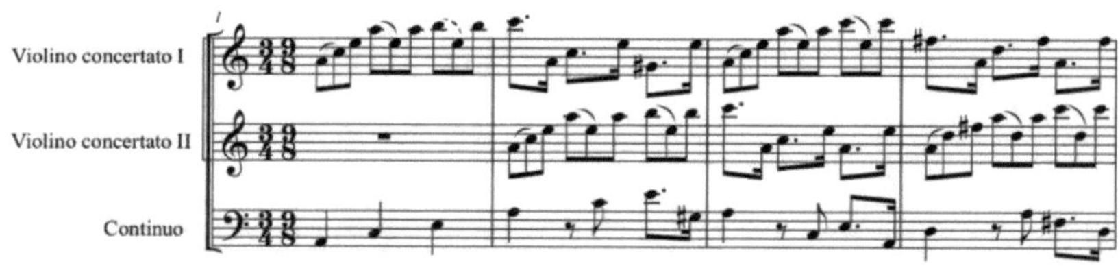

BWV 7/4, T. 1–4

Die zeittypische Exegese der lutherischen Spätorthodoxie liefert einen plausiblen Hinweis die eigentümliche Struktur der Arie zu verstehen. Hymnologie und Exegese sind in vorliegendem Beispiel besonders ineinander verzahnt: Basieren doch die dem Libretto zugrundeliegenden Verse des Liedes von Martin Luther bis in wörtliche Details hinein auf dem Taufbericht, wie ihn alle vier Evangelien enthalten. Blickt man in „Bachs theologische Bibliothek“[137] springt einem unwillkürlich ein Titel ins Auge, welcher Auskunft über das zeitgenössische Verständnis des Liedes zu versprechen scheint: Das *Wasserbad im Worte*, eine Sammlung von Liedpredigten aus der Feder von Erdmann Neumeister, in welchen, so der Untertitel, *Die Lehre von der Heil. Tauffe, so in LII. Predigten; und zugleich in dem Eingange derselben Unterschiedliche Lieder erkläret worden*. Naheliegend behandelt Neumeister in den Exordien dieser Predigten auch das lutherische Tauflied „Christ unser Herr zum Jordan kam“. Die genaue Lektüre von Neumeisters Gedanken zu der Stimme Gottvaters im Moment der Taufe Jesu am Jordan – also die initiale Betrachtung der Arien-

136 Schering, *Kantaten*, S. 161.

137 Vgl. Leaver, *Bachs theologische Bibliothek*.

dichtung – lässt schon ahnen, worauf Bach eventuell mit der Verwendung von *zwei* Violinen abzielte:

> „Des Vaters Stimm man offenbar
> Daselbst am Jordan hörte.
> Wie dieses Matth. III. 17. beschrieben ist: also zweifelt mir nicht, daß solche Stimme dermassen offenbar erschollen, daß sie nicht nur Johannes der Täuffer, sondern auch viel Volck gehöret hat; [...] Denn Johannes war schwerlich jemahls allein, indem täglich eine grosse Menge zu ihm kam, sich täuffen zu lassen. Daher wird auch solche Stimme zu den Ohren aller, die damahls anwesend waren, kommen seyn. Der HErr JEsus beruffet sich selber darauf gegen die Jüden, Joh. V. 37: Der Vater, der mich gesandt hat, derselbige hat von mir gezeuget. Und spricht er darbey: Ihr habt nie weder seine Stimme gehöret, noch seine Gestalt gesehen; So will er sonder Zweifel sprechen: Ihr habt sonst nie seine Stimme gehöret, ohne dasselbe mahl, da ich getauffet wurde. So soltet ihr ja aus diesem Zeugnisse erkennen, daß er mich gesandt habe. Nun, welches war die Stimme und das Wort des Vaters?
> Er sprach: Dieß ist meine lieber Sohn,
> An dem ich hab Gefallen.
> Den will ich euch befohlen han,
> Daß ihr in höret alle,
> Und folget seiner Lehre.
> Matth. III. 17. heissets: Diß ist mein lieber Sohn, an welchem ich Wohlgefallen habe. Marc. I, 11. aber, und Luc. III. 22: Du bist mein lieber Sohn, an dem ich Wohlgefallen habe. Daraus erhellet, daß die Stimme zweymahl hinter einander vom Himmel kommen ist; einmahl zu dem HErrn JEsu selbst, und das andere mahl Johannis und des anwesenden Volcks wegen."[138]

Die Worte Neumeisters lassen aufhorchen. „Zweymahl" sei die Stimme Gottes erschollen, was mit Blick auf Bachs Komposition die Verwendung von *zwei*

138 Neumeister, *Wasserbad*, S. 88 f.

Violinen erklären könnte. Dem orthodoxen Theologen gelingt der Hinweis auf zwei Stimmen mit einem exegetischen „Kniff": Zunächst wird darauf hingewiesen, dass Johannes der Täufer „schwerlich jemals alleine" gewesen sei und eine große Menge von Menschen ihn immer umgeben habe. Dies wird mit dem dogmatischen Hinweis versehen, dass auch die Juden das Bekenntnis Gottvaters zu seinem Sohn vernommen haben sollten. Wenig später ermöglicht ihm diese Konstellation eine Inkongruenz zwischen dem Bericht von der Taufe Jesu, wie er sich bei Matthäus auf der einen Seite und Markus sowie Lukas auf der anderen Seite findet, aufzulösen. Da es bei Matthäus „Dies ist mein lieber Sohn" und bei Markus/Lukas „Du bist mein lieber Sohn" heißt, wird die Stimme Gottvaters „zweimal hinter einander vom Himmel" gekommen sein: Einmal zu Jesus und das andere Mal zu Johannes und weiteren anwesenden Menschen. Hinter dieser Form von Auslegung, die auf einen kritischen Betrachter konstruiert wirken muss, verbirgt sich das zeittypische harmonische Verständnis der biblischen Schriften, welches seinerseits wiederum auf den Fundamenten der „eindeutigen Klarheit" und „Irrtumslosigkeit" der heiligen Schrift beruht. Von einem historisch-kritischen Verständnis der Bibel ist man in dieser Art von Exegese, wenn auch nicht zeitlich, so doch aber inhaltlich, weit entfernt.[139] Kannte Bach diese Auslegung? Ist diese Auslegung ursächlich für die eigentümliche Struktur der Arie? Als grundsätzliche Überlegung sei noch einmal vergegenwärtigt, dass die initialen Worte einer Ariendichtung – sofern sie denn bild- oder affekthaft sind – für den Komponisten des Barock immer die erste, naheliegende Option waren, auf „gute Inventionen" zu kommen.[140] Und in vorliegendem Fall berichten die initialen Worte der Arie von der Stimme Gottvaters. Ausgeschlossen ist freilich, dass Bach von Neumeisters Auslegung, die 1732 publiziert wurde, in seiner dritten Choralkantate von 1724 direkt beeinflusst wurde. Allerdings ist das Zeitalter der Orthodoxie von einer gewissen Uniformität der Exegese gekennzeichnet, was sich auch in der Auslegung der Taufe Christi im Jordan widerspiegelt. Die Argumentation von den zwei Stim-

139 Christoph Bultmann: Art. „Exegese, Frühe Neuzeit", in: *Religion in Geschichte und Gegenwart4*, Bd. 2, Tübingen 1999, Sp. 1788–1789.

140 Vgl. Kapitel 3.1 *Zur Methode.*

men Gottvaters findet sich vielfach im Schrifttum lutherischen Orthodoxie. In der *Calov-Bibel* heißt es zu dem Taufbericht nach Markus (Mk 1, 11):

> „Und da geschah eine Stimme von Himmel (zu ihm) du bist mein lieber Sohn (dis ist den Anwesenden also erschollen: Dis ist mein lieber Son) an dem ich Wohlgefallen habe [...]“[141]

Auch Abraham Calov verzichtet also nicht darauf, die Inkongruenz der Adressaten („Du bist mein lieber Sohn“ / „Dies ist mein lieber Sohn“) anzumerken und hinzuzufügen oder zu suggerieren, die Stimme sei zwei Mal erklungen. Heinrich Müller fügt sich in diesen gleichförmigen auslegungsgeschichtlichen Reigen ein. In seiner *Evangelischen Schlußkett* wird die Stimme Gottvaters am Jordan so kommentiert:

> „Diese Stimme vom Himmel herab sprach: **Diß ist mein lieber Sohn, an welchem ich Wohlgefallen habe.** Beym Marco und Luca richtet der Vatter die Rede an den Sohn selbsten: **Du bist mein lieber Sohn.** Daraus abzunehmen, daß der Vatter zuerst den Sohn selbst angeredet, und ihn durch diese Stimme in seinem öffentlichen Lehr-Amt bestättiget, darnach aber mit selbiger Stimme auch angeredet Johannem und das Volck, und sie ermahnet, diesem Lehrer als gesandt vom Himmel, Audientz zu geben.“[142]

Heinrich Müllers Wortwahl einer „selbigen Stimme“ korreliert auf eigentümliche Weise mit dem imitatorischen Satz, den Bach den zwei Violinen zuordnet, wobei die zweite Violine quasi wie eine „selbige Stimme“ zu der ersten Violine gehört werden kann. Eine abschließende Quelle, die nicht aus dem unmittelbaren Umfeld Bachs stammt, jedoch zu den wichtigen exegetischen Werken um 1720 zählt, ist die *Harmonie und Auslegung der Heiligen vier Evangelisten* von Carl Hildebrand Freiherr von Canstein (1667–1719). Auch hier findet sich wie selbstverständlich der Passus von den Stimmen, die „zwei Mal“ erklungen sein müssen:

141 Abraham Calov: *Das Neue Testament*, Wittenberg 1682, S. 310.

142 Heinrich Müller: *Evangelische Schlußkett und Krafft-Kern*, Frankfurt am Main 1734, S. 102.

„Eine Stimme vom Himmel. Auf eine himmlische und anmuthige Art, nicht wie dorten, mit Donner, auf dem Berg Sinai.
Sprach. Es scheinet, daß diese Stimme wol mag zweymal erschollen sey: einmal zu CHristo: Du bist; und wieder zu Johanne und andern: Dieser ist; nemlich daß solches von CHristo zu verstehen.“[143]

Die absolute exegetischer Homogenität bei der Auslegung der Taufe Jesu am Jordan in den zu Rate gezogenen hymnologische und exegetischen Quellen lässt den Einwand obsolet erscheinen, dass Erdmann Neumeisters Predigtsammlung Bach nicht hat beeinflussen können. Diese Abhängigkeit ist nicht notwendig, da Neumeister wiederum bereits in einer Tradition steht, deren Uniformität bis in die Wortwahl hinein offensichtlich ist. Dennoch erscheint interessant und bedeutsam, einen Titel in Bachs Bibliothek zu finden, der die Auslegung einer Textpassage bietet, welche Bach Jahre zuvor schon musikalisch umgesetzt hat. Neumeister und Bach sind offensichtlich Teil der gleichen Deutungsgemeinschaft.

Bisher wurde mit dem beinahe omnipräsenten Violinduett, welches die Arie maßgeblich konturiert und klanglich dominiert, auf ein herausragendes Merkmal des Satzes geblickt. Gezeigt werden konnte, dass die Besetzung der Arie mit zwei Violinen den abweichenden Berichten von der Taufe Jesu bei Matthäus und Markus/Lukas zu entsprechen scheint. Doch wie agiert die Singstimme? Wie interagiert diese wiederum mit den Violinen?

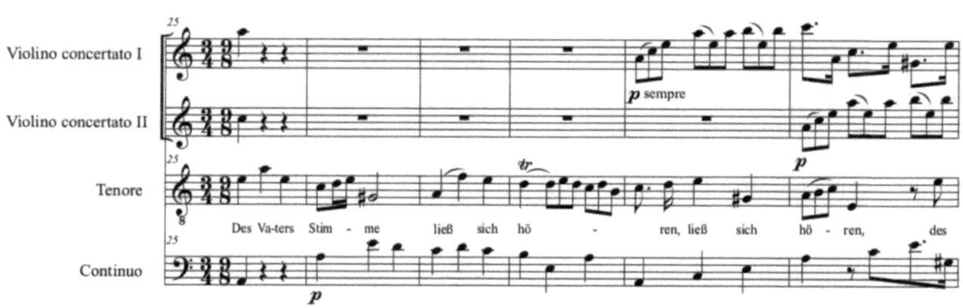

BWV 7/4, T. 25–30.

143 Carl Hildebrand von Canstein: *Harmonie und Auslegung der Heiligen vier Evangelisten*, Halle 1718, S. 140.

Bezeichnend ist, dass nach einer gut dreitaktigen Pause das Violinduett wieder in dem Moment einsetzt (T. 29), in welchem die Singstimme die letzte Silbe der Passivkonstruktion „Des Vaters Stimme ließ sich hören" (auf dem „-ren" von „hö-ren") deklamiert. Der effektvolle Wiedereintritt der aufsteigenden Dreiklänge beider Violinen hört und liest sich hier doch wie ein subtiler Kommentar: Dies, das Motiv beider Violinen, steht für die Stimme Gottvaters, von der just in diesem Augenblick die Rede ist.[144] Was lässt sich zu der Beschaffenheit des Tenorparts noch sagen? Abermals sind Arnold Scherings Anmerkungen zu der Arie aufschlussreich, welche einige Auffälligkeiten zur Sprache bringen, die – ohne Kenntnis des zeitgenössischen exegetischen Hintergrunds – irritieren müssen. Für Schering ist der Gesangsteil der Arie sogar „problematischer als der Instrumentalsatz".[145] Er weist in diesem Zusammenhang unter anderem auf den „Anfang mit den gehäuften Sextenstürzen", welcher „überrascht", zu den „Dunkelheiten" zählt und „nicht ohne weiteres zu erhellen" ist. Es sei denn, man ginge von der „Parodie einer älteren Komposition aus".[146] Doch auch hier ist der „Fluchtpunkt Parodie" nicht nötig. Nicht unnatürlich, sondern so natürlich wie in der Musik möglich drückt der Tenor in seiner madrigalischen Betrachtung der Taufe Jesu die Begebenheit aus, dass sich „des Vaters Stimme [...] hören [ließ]". Die Singstimme, die in der Arie die Stimme Gottvaters im Augenblick der Taufe Jesu am Jordan reflektiert, gehört einem Betrachter der Szene, der emotional Anteil an dem Geschehen nimmt und außer sich ist, Zeuge dieser Begebenheit zu sein. Abenteuerliche Sextsprünge (T. 27), die auseinandergezogenen Silben bei „Stimme" (T. 26) und „hören" (T. 28), das Verharren auf dem Leitton *gis* (T. 26, T. 29) – alles ist darauf angelegt durch Abweichung von der musikalischen Norm Erregung ausdrücken. Der eigentümliche Reiz der Komposition liegt auch darin begründet, dass vollkommen unberührt von dem erregten Gesangspart die omnipräsente Achtelmotivik der beiden Violinen einen gleichmütigen Kontrapunkt setzt. Was wird durch das Motiv der Violinen musikalisch ausge-

144 Das Verfahren erinnert an die „Tods-ge-stalt" in BWV 4/4 und Bachs Inszenierung dieser Silben. Vgl. S. 62 ff.

145 Schering, *Kantaten*, S. 162.

146 Ebd. S. 162 f.

drückt? Welche Stimmung, welchen Affekt evoziert das Motiv? Wenn die Idee des Stücks das Abbilden der Stimme Gottvaters ist, sollte sich dies nicht auch im musikalischen Charakter des Motivs widerspiegeln? In der Literatur ist immer wieder, unter rein formalen Gesichtspunkten, auf den Giguecharakter des imitierenden Satzes im Dreiertakt hingewiesen worden.[147] Das aus den Quellen eruierte Bild kann aber neben dem tieferen Grund für den Imitationssatz auch den, verstärkt durch die Zweierbindungen, wiegenden Dreiertakt in Verbindung mit dem weichen Mollsatz zu erklären helfen. Noch einmal soll aus Heinrich Müllers Predigt zur Taufe Jesu im Jordan zitiert werden, in welcher in der typisch bildreichen Sprache und den gefühlsbetonten Metaphern der Zeit auf den sanftmütigen und freundlichen Charakter der Stimme Gottes wiederholt verwiesen wird:

> „Durch eine Stimme offenbahret sich der Vatter, da er zeugen will, daß Christus sein Sohn sey. [...] Eine grosse Leutseligkeit GOttes, daß er durch eine Menschen-Stimme mit uns redet. Wann ein Vatter mit seinen kleinen Kindlein reden will, so nimmt er der Kindlein Sprach an sich, lallet mit Lallenden. Ist ein Zeichen seiner hertzlichen Liebe. Gott liebt uns als ein Vater seine Kinder, darum redet er, und lässt mit uns reden nicht durch Engel- sondern durch Menschen-Zungen. Ein freundlicher Gott, der sich so tieff herab läst zu unser Schwachheit, und wird das, was wir sind, auf daß er uns nur gewinne. Engel-Zungen können schrecken. Wie hefftig erschrack Maria, als sie den Gruß des Engels Gabriel hörte? GOtt aber will uns locken, darum braucht er Menschen-Zungen."[148]

Cyriacus Spangenberg spricht in diesem Zusammenhang von der Stimme Gottes, die sich „aufs Allertröstlichste hören" ließ.[149] All die bei Müller und Spangenberg der Stimme Gottes zugeordneten Affekttopoi – *leutselig, herzlich, freundlich, allertröstlichst* – entsprechen dem musikalischen Charakter des

---

147 Dürr, *Kantaten*, S. 562 f.

148 Müller, *Schlußkett*, S. 102.

149 Spangenberg, *Cithara Lutheri 1855*, S. 227 f.

Violin-Duetts. Die Arie „Des Vaters Stimme ließ sich hören" zeigt demnach in mehrerlei Hinsicht satzstruktureller Art, dass Bach bewusst auf die älteste Schicht des Librettos, also den Bibeltext in seiner zeittypischen Auslegung, Bezug nimmt. Auf diese Schicht verweisen auch die hymnologischen Quellen.

3.5 *Nun komm, der Heiden Heiland* (BWV 659, BWV 61/1, BWV 62/1)

Martin Luthers Lied „Nun komm, der Heiden Heiland" zählte in der Bachzeit zu den wichtigsten Liedern im Advent. Im Weimarischen Gesangbuch von 1713 steht das Lied an erster Stelle unter der Rubrik „Von der Menschwerdung Gottes".[150] Im Dresdner Gesangbuch von 1725/27 steht es in der gleichen Rubrik an zweiter Stelle.[151] Und dass in allen Bachkantaten auf den ersten Adventssonntag „Nun komm der Heiden Heiland" zumeist an prominenter Stelle vorkommt, unterstreicht den obligatorischen Status dieses Liedes zu Beginn des Kirchenjahres, welches durch den ersten Advent markiert wird.[152] In dem vorliegenden Kapitel sollen zum einen die Orgelchoralbearbeitung *Nun komm der Heiden Heiland* BWV 659, zum anderen die beiden Kantateneröffnungssätze von BWV 61 und BWV 62 betrachtet werden. Die Untersuchung dieser Kompositionen im Lichte hymnologischer Quellen erscheint insofern reizvoll, da diese sehr unterschiedliche musikalische Charaktere aufweisen. Einem so verhaltenen, introvertierten Stück wie der Choralbearbeitung BWV 659 aus Bachs Weimarer Zeit steht mit der Eröffnungschor von BWV 62 ein ständig pulsierendes Musikstück, ein Ausbruch an Vitalität gegenüber. Diese Konstellation stellt nachdrücklich die Frage, inwieweit überhaupt eine Abhängigkeit von Bachs Kompositionen mit den zugrundeliegenden Liedtexten und ihren zeittypischen Konnotationen konstatiert werden kann. Dieser Frage soll nachgegangen werden.

150 N. N.: *Schuldiges Lob Gottes oder Geistreiches Gesang-Buch*, Weimar 1713, S. 2 f.

151 Marperger, *Gesang-Buch*, S. 1.

152 Vgl. BWV 36, BWV 61, BWV 62.

Nun komm, der Heiden Heiland (BWV 659)

Nun komm, der Heiden Heiland,
Der Jungfrauen Kind erkannt,
Des sich wundert alle Welt,
Gott solch Geburt ihm bestellt.

Diese Choralbearbeitung aus Bachs Weimarer Zeit ist nicht zuletzt durch die Klavierbearbeitung Ferruccio Busonis ungemein populär geworden und in die Konzerthäuser der Welt gelangt. Für welchen Anlass Bach die Komposition verfertigte bzw. zu welchem konkreten Anlass er sie spielte, lässt sich, wie bei praktisch allen Choralbearbeitungen, nicht mehr bestimmen. BWV 659 wurde Teil der *Achtzehn Choräle von verschiedener Art*, die der Thomaskantor in seinen späten Leipziger Jahren zusammenstellte und dafür vorrangig auf ältere Kompositionen zurückgriff, die in diesem Zuge noch einmal korrigiert wurden. Wissen wir also, anders als bei den Kantaten, nicht den konkreten Anlass, wann und wo im Advent das Stück erklang, ergibt sich generell für die Ausdeutung von Wort und Ton in Orgelchorälen noch zusätzlich ein methodisches Problem: Wie können wir bei der Orgelbearbeitung eines mehrstrophigen Liedes überhaupt wissen, welche Strophe der Komponist bei seiner Vertonung musikalisch ausdeuten wollte? Das Problem lässt sich nie ganz umschiffen, doch ist es nicht naheliegend, dass ein Komponist, der eine Choralbearbeitung schlicht „Nun komm, der Heiden Heiland“ nennt, diese erste Strophe mit seiner Vertonung auch adressiert? Aber vielleicht sollte man sogar noch einen Schritt zurückgehen: Schon der Schöpfer der Melodie eines Strophenliedes hat sich an etwas orientieren müssen. In diesem Zusammenhang ist die These plausibel, „dass der musikalisch-poetische Inhalt der ersten Strophe oder wenigstens des Melodieinitiums als Kernbotschaft sozusagen für das ganze folgende Lied mit allen unterschiedlichen Texten einen Prägekraft besitzt und emotionale Grundstimmung vermitteln soll.“[153] Welche der zentralen musikalisch-poetischen Inhalte der ersten Strophe des Adventsliedes reflektiert Bach? Die Kom-

153 Erik Dremel: „Der Lutherische Choral als melodische ‚Gestalt‘ und sein Verhältnis zum Text“, in: *Choral, Cantor, Cantus firmus. Die Bedeutung des lutherischen Kirchenliedes für die Schul-*

position aus Bachs Weimarer Zeit besteht aus drei komplementären Schichten: Einem überwiegend schreitenden Bass, den beiden Mittelstimmen der linken Hand mit ihren omnipräsenten polyphonen Andeutungen der Choralmelodie und dem stark kolorierten Cantus firmus im Sopran. In kaum einem anderen Choralvorspiel behandelt Bach die Melodie so frei wie hier. Auffällig an der Behandlung des Cantus firmus ist das Aufwärtsstreben, das Erreichen immer neuer Spitzentöne mit Hilfe von Sechzehntel- bzw. Zweiunddreißigstelkoloraturen. Eine Interpretation des Stückes sollte dieser Spezifik Rechnung tragen.

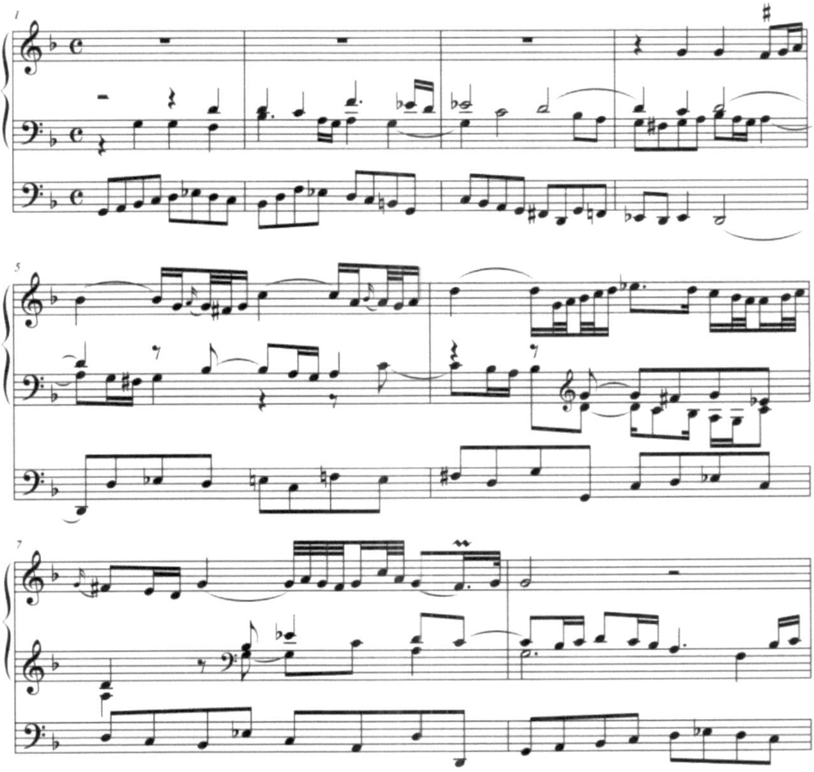

BWV 659, T. 1–8

und Sozialgeschichte, hrsg. von Erik Dremel und Ute Poetzsch, Halle 2015, S. 109–126, hier: S. 110.

Die Forschungsliteratur zu BWV 659 ist reich an außermusikalischen Deutungen. Nach Albert Schweitzer weist sie „einen mystischen Zug auf" und sei „eine Musik, die den Hörer in das Dunkel des Advents führt und ihm die Sterne des Himmels verheißungsvoll erstrahlen läßt".[154] Hermann Keller sieht in der „feierliche[n] Verhüllung der Melodie [...][den] Ausdruck des undurchdringlichen Geheimnisses der Menschwerdung des Gottessohnes".[155] In eine ähnliche Richtung geht die Deutung von Russel Stinson: „Rather astonishingly, it is absent from the soprano voice more often than not, as if to depict the great mystery of the Incarnation. Bach may also have had in mind the text that concludes the first stanza: ‚All the world is amazed that God gave him such a birth'".[156] Die Auswahl an Deutungen aus der Literatur lässt sich fortführen. Doch welche dieser Deutungen sind im Rahmen des Verständnisses des Liedes von Bach und seiner Zeit überhaupt möglich? Richtet man den Blick speziell auf die initialen Worte „Nun komm, der Heiden Heiland", bietet sich in den Liederkommentaren von vor 1600 bis in die Mitte des 18. Jahrhunderts eine erstaunlich homogene Auslegung. Cyriacus Spangenberg spricht von einer „demütigen Anrufung und Bitte zu Jesu Christo unserem Herrn, daß er durch sein Wort und Geist, in unsere Hertzen kommen wöllt".[157] Nach Simon Pauli sind die initialen Worte „ein hertzlicher Wunsch und flehliches Gebet der gleubigen Kirche im alten Testament, das der verheissene Messias [...] durch seine Menschwerdung und Geburt sichtbarlich kommen wolle".[158] Die Ankunft Jesu wird laut Georg Walch „hier wunschweise verlangt, und damit gesehen auf das sehnliche Verlangen der Alt-Väter; Denn man höret gleichsam von ferne ihr sehnliches Ach! ach! daß du den Himmel zerrissest und führest herab. Ex LXIV, I".[159] Und „also wün-

154 Albert Schweitzer: *Die Orgelwerke Johann Sebastian Bachs. Vorworte zu den ‚Sämtlichen Orgelwerken'*, Hildesheim u. a. 1995, S. 254.

155 Hermann Keller: *Die Orgelwerke Bachs. Ein Beitrag zu ihrer Geschichte, Form, Deutung und Wiedergabe*, Leipzig 1953, S. 187.

156 Russell Stinson: *J. S. Bach's great eighteen organ chorales*, Oxford u. a. 2001, S. 88.

157 Spangenberg, *Cithara Lutheri*, Bd. 1., S. 3 f.

158 Pauli, *Außlegung*, S. 4.

159 Walch, *Lieder-Betrachtungen*, S. 3.

schen wir auch, daß er wolle zu uns kommen in Gnaden"[160] summiert Gabriel Wimmer.

„Nun komm der Heiden Heiland" als „demütige Anrufung und Bitte" (Spangenberg) – der Tenor aller zitierten hymnologischen Schriften – lässt sich in mehrerlei Hinsicht in Bachs gestenreicher Komposition finden. Auffällig ist zunächst und allgemein gesprochen der stufenartige Aufbau des Klanggeschehens vom Pedalpart bis zur rechten Hand. Die Musik erklingt gleichsam „aus der Tiefe" in immer hellere Sphären, in welchen dann im Sopran der Cantus firmus intoniert wird. Bei der Sopranstimme lohnt es sich, im Detail die musikalische Analyse ein wenig zu vertiefen. Abweichend von der Vorlage wird der Cantus firmus von Bach in der Oberstimme in ein diastematisches Modell eingespannt, welches eine ständige – immer eine Sekunde höher ansetzende – Aufwärtsbewegung initiiert. Vier Mal setzt dieses vorsichtige Tasten in die Höhe an: Vom Leitton *fis* zur Terz *b* (T. 1/2)[161], vom *g* zur Quarte c^2 (T. 2), vom *a* zur Quinte d^2 und schließlich in einem Schleifer vom *g* zum es^2. Danach, um in der Semantik zu bleiben, ist das musikalische Geschehen bis zum Ausklingen der ersten Sopranzeile bemüht, den aufgebauten Höhepunkt wieder zu erden und Spannung abzubauen, indem die Diastematik wieder nach unten weist und somit den Spannungsaufbau zuvor umso deutlicher in Szene setzt. Es spricht in der Zusammenschau von analytischer Beobachtung und hymnologischen Quellen viel dafür, dass diese musikalische Physiognomie ein Resultat der zeittypischen Konnotationen bzw. Akzente darstellt, welche mit dem initialen Vers „Nun komm, der Heiden Heiland" verbunden wurden: Eine „demütige Anrufung und Bitte", ein „herzlicher Wunsch" um das Erscheinen des Heiden Heilands im Advent und Beginn des Kirchenjahres. Quellen zur Musikanschauung der Zeit legen eine solche Sicht auf Musik im Allgemeinen zusätzlich nahe. So schreibt Johann Mattheson 1739 im *Vollkommenen Capellmeister*, dass die „Hoffnung eine Erhebung des Gemüths oder der Geister; die Verzweiflung aber ein gäntzlicher Niedersturtz derselben" sei, „welches lauter Dinge sind, die sich mit den Klängen, wenn zumahl die übrigen Umstände (absonderlich die Zeitmaasse) das ihrige mit beitragen, sehr natürlich

160 Wimmer, *Lieder-Erklärung*, Bd. 1, S. 49.

161 Hier und folgend bezogen auf den Grundton *g*.

vorstellen lassen."[162] Das hier bezeichnete „Stufensystem" in BWV 659 findet sich als diatematisches Grundmodell zum Ausdruck von Hoffnung und verwandten Gefühlen oder Gesten auch in anderen Werken Johann Sebastian Bachs. Ein besonders populäres Beispiel ist der Themenkopf der Kyrie-Fuge aus der h-Moll-Messe BWV 232.

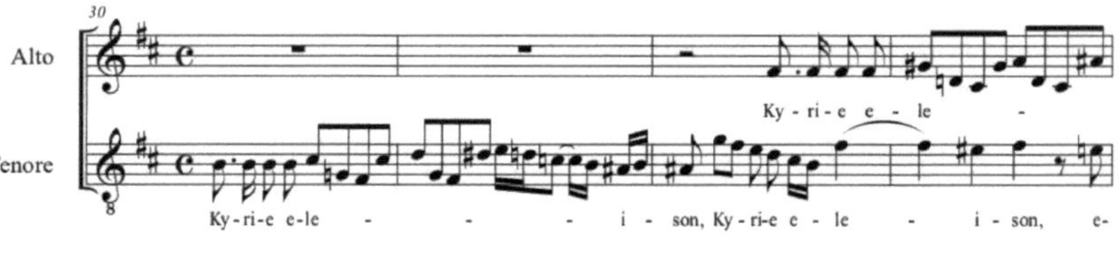

BWV 232/1, T. 30–34

Für die Bitte um Erbarmen wählt Bach hier eine in Ansätzen vergleichbare Inszenierung wie in dem Orgelchoral. Mehrfach strebt das Thema in den ersten beiden Takten zunächst eine große Sekunde (*h-cis*), dann – umso dringlicher – in kleinen Sekunden (*cis-d*/*dis-e*), aufwärts, erreicht gleichsam mühevoll neue Plateaus. Auch hier wird am Ende auf dem Spitzenton bei „Ky-" von „Ky-ri-e" deklamatorisch eindrucksvoll die Sexte der Grundtonart erreicht. Während dies in BWV 659 durch einen Schleifer geschieht (T. 6, *g-es*), findet sich im *Kyrie* ein Sextsprung, der nach dem sekundweisen Aufstreben noch dramatischer wirkt. Trotz der Unterschiede im Detail ist die gemeinsame Wurzel der affekttragenden Grundstruktur von BWV 659 und BWV 232/1 – die Bitte um das Erscheinen des „Heiden Heilands" bzw. die Bitte um Erbarmen – unverkennbar. Zusammenfassend lässt sich für die Orgelbearbeitung über „Nun komm, der Heiden Heiland" BWV 659 konstatieren, dass offensichtlich die initialen Worte des Chorals und ihre zeittypische Lesart für den musikalischen Gestus der Komposition Relevanz besitzen.

162 Mattheson, *Capellmeister*, S. 16.

Nun komm, der Heiden Heiland (BWV 61/1)

Die Kantate BWV 61 führte Bach zum 1. Advent, am 2. Dezember 1714 in Weimar, erstmalig auf. Der initiale, namensgebende Satz des Kantatenlibrettos von Erdmann Neumeister ist die erste Strophe von *Nun komm, der Heiden Heiland*,[163] welche Bach in Form einer französischen Ouvertüre vertont. Kraftvolle, scharf punktierte Rhythmen des Orchesterapparats umrahmen die Zeilen „Nun komm, der Heiden Heiland / Der Jungfrauen Kind erkannt“ und die Schlusszeile „Gott solch Geburt ihm bestellt“, der obligatorische fugierte Mittelteil erklingt zu den Worten „Des sich wundert alle Welt“. An dem Satz fällt auf, wie eigentümlich der Chor von dem prachtvollen Orchesterpart absticht.

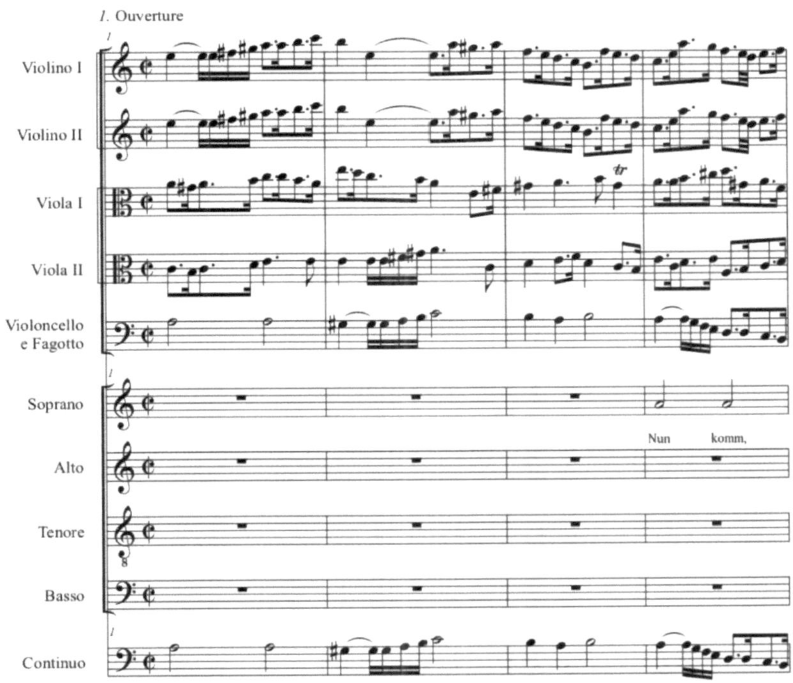

163 Vgl. S. 90.

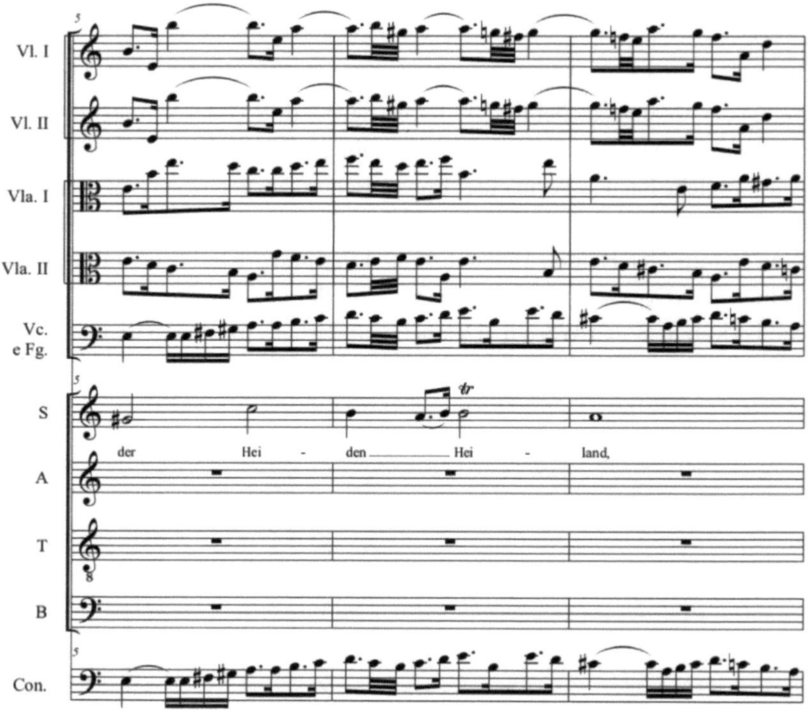

BWV 61/1, T. 1–7

Anders als etwa in dem ebenfalls in Form einer französischen Ouvertüre angelegten Eingangschor der Kantate *O Ewigkeit, du Donnerwort* BWV 20/1, ist in BWV 61/1 der Chor explizit *nicht* beteiligt an den charakteristischen Punktierungen. Stimme für Stimme, absteigend vom Sopran bis zum Bass, wird der beinahe unveränderte Cantus firmus auf den Worte der ersten Zeile abgesungen. Wie verhält sich die Physiognomie dieses Kantateneingangschors zu den an BWV 659 erarbeiteten Lesarten des Chorals? Eine Antwort hierauf fällt nicht leicht bzw. muss differenziert für die zwei musikalischen Schichten von BWV 61/1 gegeben werden. Die punktierten Rhythmen der extrovertierten französischen Ouvertüre – also der Orchesterpart – passen sicher nicht zum Affekt der Hoffnung, zu einem „herzlichen Wunsch" und einem „flehentlichen Gebet“ um die Ankunft Jesu Christi. Aber – und in der Literatur findet sich dies quasi auch als Referenzdeutung – sehr wohl passt die Ouvertürenform zur Ankunft Jesu in Jerusalem, wie sie die Evangeliumslesung für diesen ersten Adventssonntag beschreibt.[164] Der im Vergleich zu dem lebendigen Orchester schlichte und statisch wirkende Vokalpart möchte sich aber auch nicht in diese Deutung fügen. Wirkt der Vokalpart durch seine langen Notenwerte, sein Abstechen von der modernen Instrumentalform nicht auch irgendwie archaisch? Es darf offen bleiben, was Bach mit der Aussetzung des Vokalparts intendierte. Festgehalten werden kann jedoch, dass der Klang der französischen Ouvertüre – wohl als Reflexion der Ankunft Jesu in Jerusalem (Mt 21, 1–9) – die Stimmung des Eingangschors der Kantate bestimmt. Die zarte Stimmung der Hoffnung auf das Erscheinen Jesu Christi, also die zeittypische Lesart von Martin Luthers *Nun komm, der Heiden Heiland*, wird gleichsam überschrieben.

Nun komm, der Heiden Heiland (BWV 62/1)

Die Kantate *Nun komm, der Heiden Heiland* BWV 62 ist Teil des sogenannten Leipziger Choralkantatenjahrgangs Johann Sebastian Bachs von 1724/25. Wie üblich für die Kantatenlibretti dieses Jahrgangs werden die erste und die letzte Choralstrophe im Wortlaut unverändert beibehalten und so lässt sich hier abermals eine Vertonung der ersten Strophe von Martin Luthers „Nun komm, der Heiden Heiland“ vorfinden.[165] BWV 62/1 ist in seiner Stimmung ganz offensichtlich weder mit BWV 659, noch mit BWV 61/1 zu vergleichen.

164 Dürr, *Kantaten*, S. 96.

165 Vgl. S. 90.

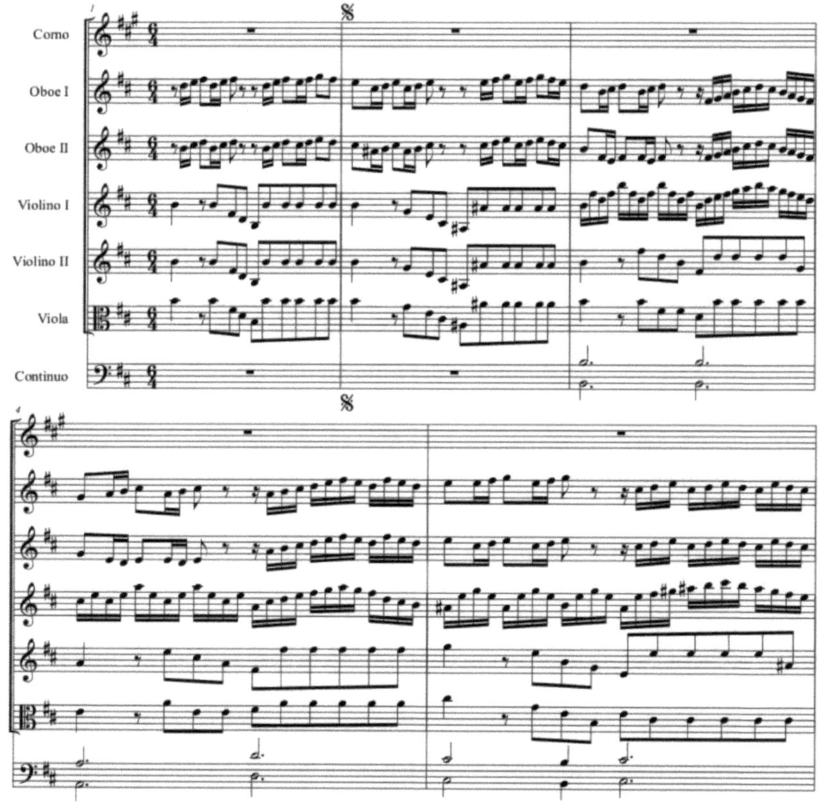

BWV 62/1, T. 1–5

Elektrisierend ist die Musik vom ersten Takt an: Nach einem „Hab-Acht-Schlag“ der Streicher erklingt in den Oboen ein aufwärts geführtes Motiv von zwei Sechzehnteln und einer Achtel. Der charakteristische Rhythmus kurz-kurz-lang wurde von Albert Schweitzer als Freudenmotiv in dem Vokalwerk Bachs identifiziert.[166] Bei genauerem Hinsehen entpuppt sich dieses als Teil einer Dramaturgie. Das Motiv evoziert den Beginn einer Bewegung, die in

166 Albert Schweitzer: *Johann Sebastian Bach*, Leipzig 1908, S. 470.

den Takten 1 und 2 abgebrochen wird bzw. immer wieder ins Stocken gerät. Sowohl die eingefügten Achtelpausen, als auch die Achtelnoten (vor allem im Übergang von T. 1 nach T. 2) tragen zu diesem Eindruck bei. Dadurch wird vorbereitet, was ab T. 3 dann umso eindrücklicher möglich ist: Zunächst von den ersten Violinen, dann von beiden Oboen aufgegriffen, ergießt sich förmlich ein musikalischer Fluss aus Sechzehnteln. Diese Dramaturgie auf engem Raum wiederholt sich unablässig in den Streichern und Bläsern bis zum letzten Takt. Alles andere als zufällig beginnt der befreite Sechzehntelfluss auf der ersten Zählzeit von T. 3, also genau in dem Moment, in welchem im Continuo instrumental der Cantus firmus „Nun komm, der Heiden Heiland" erstmalig intoniert wird.[167]

Der Einsatz der Singstimmen ab T. 17 fügt sich in diese Dynamik ein. Über mehrere Takte kommt es zu einer lebhaften Imitation des Cantus firmus zwischen Tenor, Alt und Bass, bis dann im Sopran in langen Notenwerten der Cantus firmus erklingt.

167 Albert Schweitzer unterscheidet zweierlei Arten von Freudenmotiven in Bachs Kantaten, die beide in BWV 62/1 beobachtet werden können. Nach Schweitzer besteht das erste Motiv „aus einer Folge rascher Noten und drückt mehr die unmittelbare, naive Freude aus." Das zweite Motiv beruhe „auf den Rhythmen [kurz-kurz-lang] oder [lang-kurz-kurz] und versinnbildlicht eher freudige Bewegung." (Schweitzer, *Bach*, S. 470.)

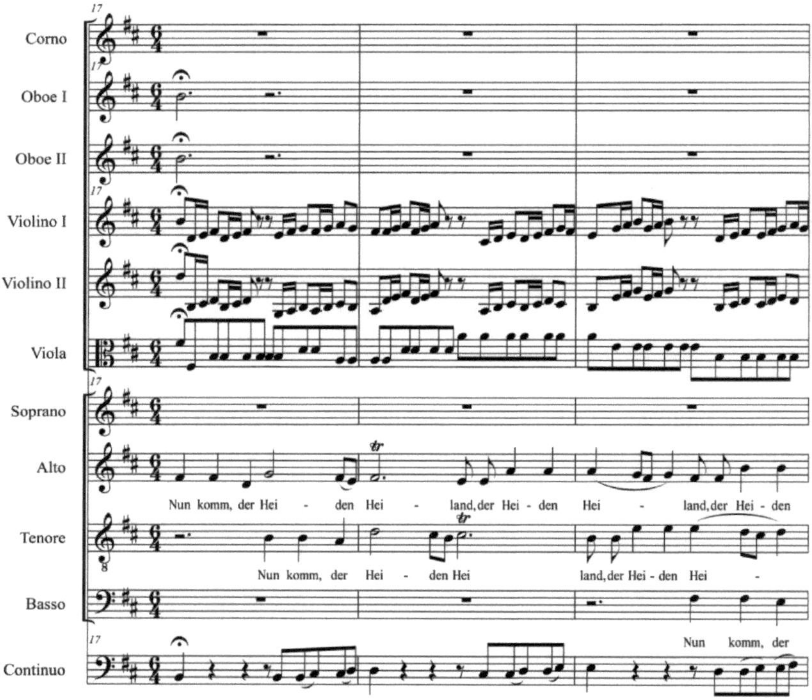
17
Corno
Oboe I
Oboe II
Violino I
Violino II
Viola
Soprano
Alto
Nun komm, der Hei - den Hei - land, der Hei - den Hei - land, der Hei - den
Tenore
Nun komm, der Hei - den Hei land, der Hei - den Hei -
Basso
Nun komm, der
Continuo

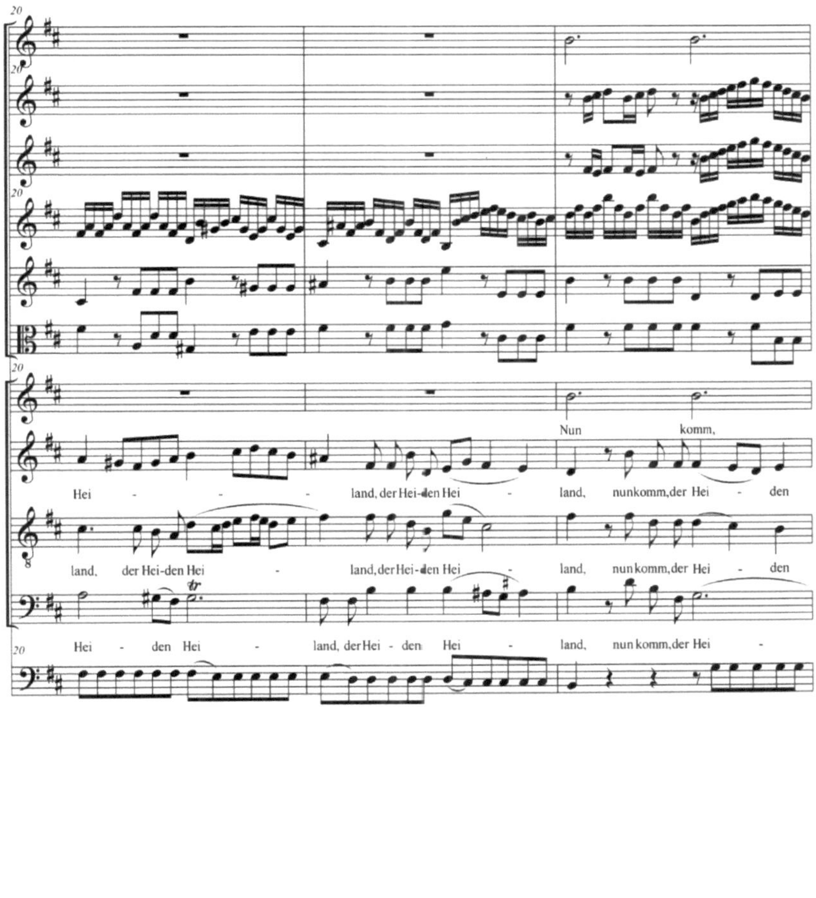
Nun komm,
Hei - - - land, der Hei-den Hei - land, nunkomm, der Hei - den
land, der Hei-den Hei - land, der Hei-den Hei - land, nunkomm, der Hei - den
Hei - den Hei - land, der Hei - den Hei - land, nunkomm, der Hei -

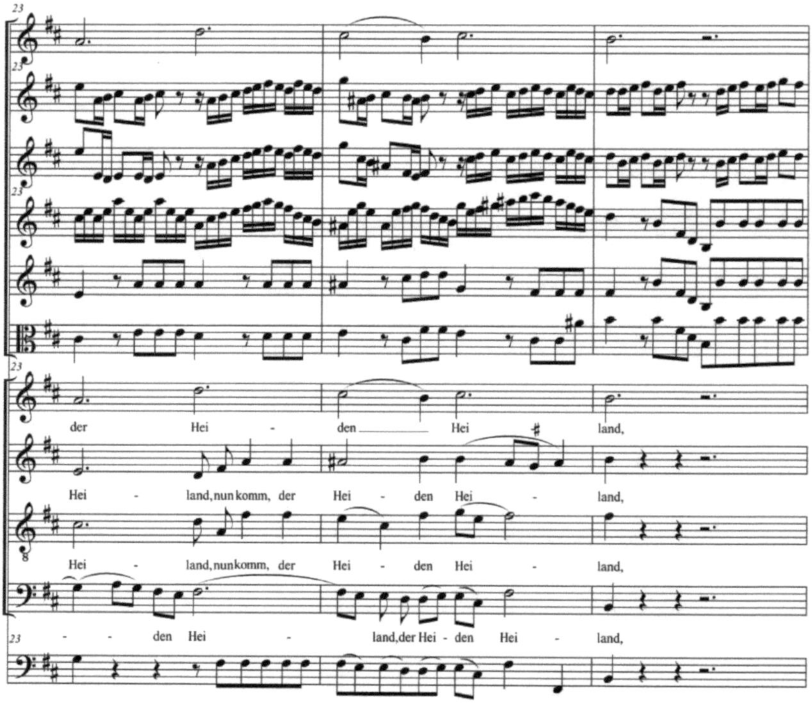

BWV 62/1, T. 17–25

Durch den omnipräsenten lebhaften Imitationssatz der anderen Stimmen und das pulsierende Motiv im Orchester kommt nicht annäherungsweise die verhaltene Stimmung auf, wie sie der Vokalpart von BWV 61/1 vermittelt. BWV 62/1 ist vielmehr in jeder Hinsicht eine lebendige, eine extrovertierte Vertonung von Martin Luthers „Nun komm, der Heiden Heiland". Die hymnologischen Quellen zu dem Lied, wie sie zum Verständnis der in sich gekehrten Choralbearbeitung BWV 659 beitragen konnten, greifen in der Leipziger Vertonung nicht. Ein „sehnlicher Wunsch", ein „herzliches Gebet" wird von dem Choralkantatensatz nicht evoziert. Es wurde im Zusammenhang mit der Ouvertürenform in BWV 61/1 erwähnt, dass die Lesung aus dem Matthäusevangelium für den ersten Sonntag im Advent die Ankunft Jesu in Jerusalem schildert. Auch bei vorliegender Vertonung liegt es nahe, Bachs grundlegende

Invention, den das Stück tragenden Affekt, aus der Lesung und ihren zeittypischen Lesarten, mit denen Bach vertraut gewesen sein wird, abzuleiten. Wie Bach hier explizit das Evangelium reflektiert und sich damit gegen eine librettoimmanente, also rein auf den Liedtext bezogene Auslegung, entscheidet, sei nun Schritt für Schritt dargelegt.

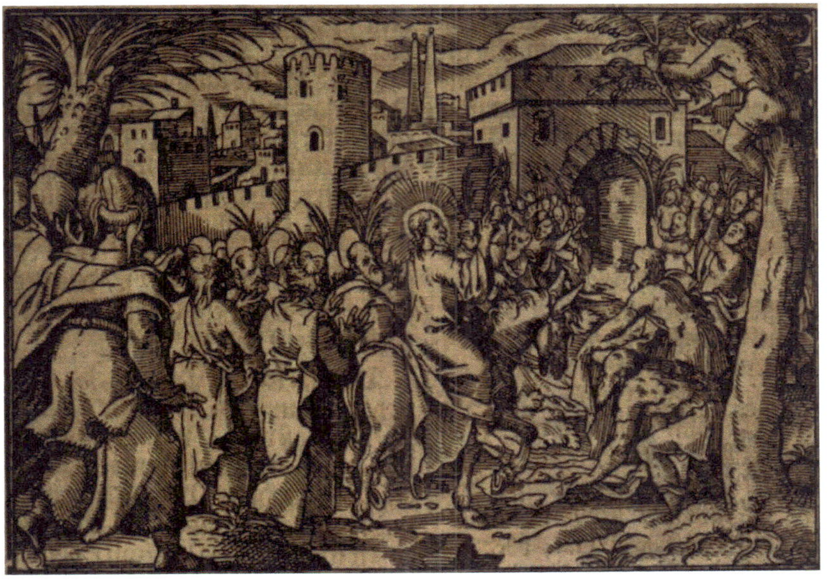

Abb. 12: Martin Luther: *Hauß-Postilla über alle Sonntags- und Fest-Evangelien*, Leipzig 1702, S. 1. Bayerische Staatsbibliothek München, 2 Hom. 304.

Der Einzug Jesu nach Jerusalem auf einer Eselin (siehe Abb. 12) wird in dem Evangelium mit einem Spruch aus dem Alten Testament verknüpft:

> Das geschah aber alles, auf daß erfüllt würde, was gesagt ist durch den Propheten, der da spricht: „Saget der Tochter Zion: Siehe, dein König kommt zu dir sanftmütig und reitet auf einem Esel und auf einem Füllen der lastbaren Eselin". (Mt 21, 4–5)

Der bei Matthäus zitierte Spruch findet sich wortgleich – in der Lutherübersetzung – im neunten Vers des neunten Kapitels im Buch Sacharja. Selbstverständlich für eine Theologie, die noch stark von innerbiblischen Bezügen abhängig ist, wird auf diesen Querverweis in den beiden Bibelkommentaren, welche Bach besaß – die Calov-Bibel und die *Biblische Erklärung* von Johann Olearius – verwiesen. Die Querverweise werden in den Kommentaren übrigens auch vice versa, von der Sacharja-Passage in Richtung des Matthäusevangeliums, angebracht. So wird etwa in der Calov-Bibel der Sacharjavers mit der Überschrift „Freude wegen Ankunfft Christi / des gerechten Königes in Jerusalem“ versehen.[168] Mit dem Stichwort „Freude“ in der biblischen Überlieferung nach Luther mag schon genug angedeutet sein, um die Freudenmotive in Bachs Komposition einordnen zu können. Es lässt sich jedoch noch ein Schritt weiter gehen. Die Lektüre von Predigten zum Einzug Jesu in Jerusalem aus Bachs Besitz – vorrangig von Martin Luther und Heinrich Müller – spitzen den Befund noch weiter zu, weil sie deutlich machen, wie in diesen Auslegungen Freude als bestimmender Affekt eine alternativlose heilsgeschichtliche Dimension zugesprochen wird. Martin Luther konstruiert mit der prophetischen Weissagung einen polemischen Gegensatz zwischen den Erwartungen der Juden, die einen prächtigen Messias erwarten würden und jener von Sacharja geschilderten „armen“ Ankunft Jesu:

> Auff daß nu die Jüden gewarnet [...] hat Gott durch den Propheten Zachariam lang zuvor lassen verkündigen: Christus würde nicht kommen als ein weltlicher König / mit grosser Pracht und weltlicher Rüstung / sondern als ein armer Bettler zu Jerusalem / als in die Haupt=Stadt des Landes Juda / darinn der Tempel und Gottesdienst war / auff einem Esel einreiten / wie denn die Historia des heutigen Evangelii anzeiget / daß es also geschehen. Auff daß nu die Juden sich nicht entschuldigen möchten / und sagen: Hätten wir es gewußt / daß unser Meßias so ein

168 Abraham Calov: *Die kleinen Propheten nach der Deutschen Übersetzung D. Martin Lutheri*, Wittenberg 1683, Sp. 610.

> armer König seyn sollte / wir wollten ihn angenommen haben / hat ihnen der Prophet solches klärlich genug angezeigt / so lange Zeit zuvor.[169]

Um der Ankunft Jesu adäquat, also freudig zu begegnen, solle man sich nicht an seiner „armen Gestalt ärgern“, sondern den prophetischen Worten folgen:

> Darum spricht der Evangelist / wie gemeldet: Sagets der Tochter Zion; Und der Prophet spricht: Zion jauchtze / sey frölich / tantze und springe / denn dein König kömmt zu dir. Was für ein König? Ein heiliger / gerechter König / ein Heyland und Helffer / der dein Heiligmacher / und dein Heyland will seyn. [...] Derhalben ärgere dich nicht an seiner armen Gestalt / sondern dancke ihm dafür / und tröste dichs / denn es geschicht alles um deiner willen / und dir zu gut / er will dir also von deinen Sünden und Tode helffen / und dich gerecht und selig machen.[170]

Der Affekt der Freude wird bei Heinrich Müller in seiner *Evangelischen Schluß-Kette* noch deutlicher formuliert und mantraartig wiederholt:

> **Freue dich sehr und jauchze.** [Sacharja 9,9] Die Tochter Zion soll sich freuen. Die Tochter Sinai muß trauren, und möchte für Angst vergehen; denn Moses schreckt sie mit seinem Fluch, weil sie nicht gehalten alles, was im Gesetz geschrieben stehet; die Tochter Zion aber hüpffet für Freuden, denn Jesus locket sie, und bringet ihr den Segen. Die in den Wercken des Gesetzes ihre Seligkeit suchen, können nimmer recht frölich seyn; denn ihr Gewissen saget ihnen , daß sie kein eintziges Gebot des Gesetzes vollkommentlich gehalten haben: Die aber in Christo ihre Seligkeit suchen, können von Hertzen frölich seyn; denn was sie suchen, das finden sie. **Er ist des Gesetzes Ende, wer an ihn gläubt, der ist gerecht.** [Röm 10,4]
> **Freue dich sehr und jauchze.** Die Freude der Tochter Zion soll so hefftig, so hertzlich seyn, daß sie für Freuden singe und springe. [...]

169 Martin Luther: *Hauß-Postilla über alle Sonntags- und Fest-Evangelien*, Leipzig 1702, S. 6.

170 Ebd.

> Der grosse Gott muß grosse Freude bringen. Dann steht das Hertz in tausend Sprüngen, dann jauchzet man wie die, so vom Wein truncken worden, wann uns Jesus in seinen Weinkeller führt, und mit Wollust träncket als mit einem Strom; dann gehts für Freuden:
> **Singet, springet,**
> **Jubiliret, triumphiret,**
> **Danckt dem Herren,**
> **Groß ist der König der Ehren.**[171]

Heinrich Müllers bildhafte Sprache, so etwa das in „tausend Sprüngen" gehende Herz, lässt eine Nähe zu Bachs lebhafter Vertonung, dem omnipräsenten pulsierenden Motiv, mehr als erahnen.

Als Fazit zu Bachs Vertonungen von „Nun komm, der Heiden Heiland", ergibt sich ein differenziertes Bild. Differenziert ist es in zweifacher Hinsicht: Die Vertonungen lassen sich keineswegs *einer* außermusikalischen Beeinflussung zuordnen. Unter den Stichworten „Lied" und „Evangelium" konnten zwei Einflusssphären herausgearbeitet werden. Zudem unterscheiden sich zwei Kompositionen, die der Einflusssphäre „Evangelium" zugeordnet werden konnten, untereinander, was unterschiedlichen Perspektiven innerhalb der Evangeliumslesung geschuldet zu sein scheint. Der Weimarer Orgelchoral BWV 659 gab in der Analyse jedoch ein Musterbeispiel für die Relevanz zeittypischer Lesarten von Martin Luthers Adventshymnus ab. Der introvertierte Gestus, das hoffnungsvolle Sehnen, wie Liederkommentare aus verschiedenen Jahrhunderten dies übereinstimmend mit den initialen Worten des Liedes verknüpfen, lässt sich aus Bachs Komposition ablesen. Der Eingangschor der ebenfalls aus Bachs Weimarer Zeit stammenden Kantate BWV 61 wiederum kann mit dem Einzug Jesu in Jerusalem, als dem Evangelium zum ersten Adventssonntag verknüpft werden. Ebenso scheint dies für die Leipziger Vertonung BWV 62/1 zu gelten, in welcher der Affekt der Freude zum Ausdruck gebracht wird. Und dies ist vielleicht die überraschendste Erkenntnis: Auch in einer Choralkantate kann die Bedeutung des Liedtextes zugunsten des Evangeliums gleichsam überschrieben werden.

171 Heinrich Müller, *Schlußkett*, S. 12.

3.6 *Ach Gott, vom Himmel sieh darein* (BWV 2/1)

BWV 2/1
Ach Gott, vom Himmel sieh darein
Und lass dich's doch erbarmen!
Wie wenig sind der Heilgen dein,
Verlassen sind wir Armen;
Dein Wort man nicht lässt haben wahr,
Der Glaub ist auch verloschen gar
Bei allen Menschenkindern.

Was heute beim Hören unmittelbar auffällt, dürfte am 17. Juni 1724 in Leipzig nicht anders gewesen sein: Diese Kantateneröffnung klingt anders, sie wirkt mit ihrem motettischen Stil, ohne obligate Instrumente, archaisch und wie aus der Zeit gefallen. „Archaisch", „altertümlich"[172] und „retrospektiv"[173] sind dann auch die Beschreibungen, die sich in der Forschungsliteratur finden lassen. Durch das stimmlich voneinander abgesetzte zeilenweise Vortragen des Beginns von *Ach Gott, vom Himmel sieh darein* wird die Textaussage, von Stimmeinsatz zu Stimmeinsatz, umso dringlicher vermittelt. Die repetitive Struktur, bei guter Textverständlichkeit, hat etwas besonders nachdrückliches an sich:

172 Dürr, *Kantaten*, S. 341.

173 Martin Geck: *Bach. Leben und Werk*, Reinbek bei Hamburg 2000, S. 404.

1. Choral

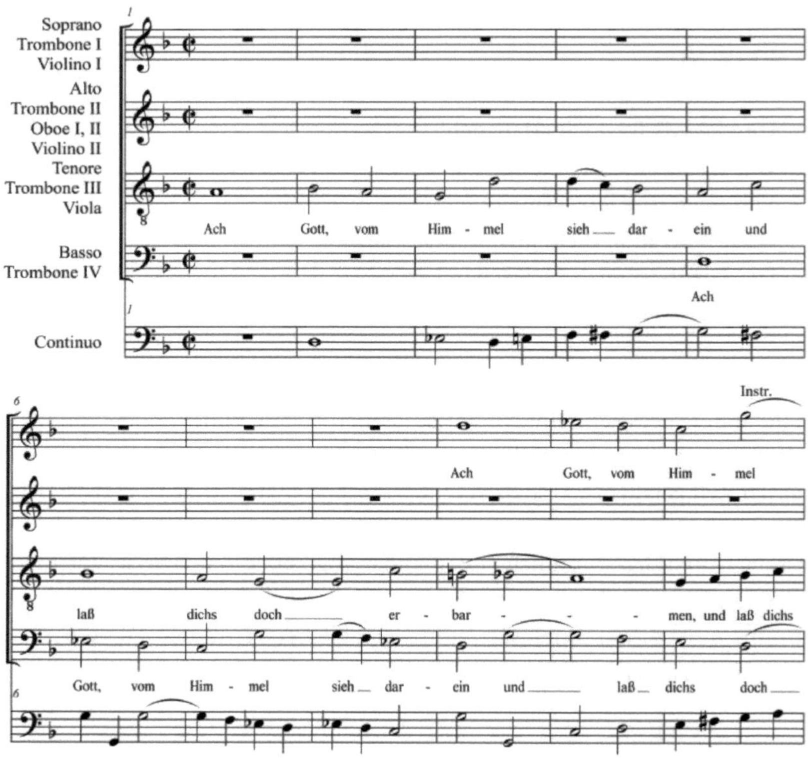
Soprano
Trombone I
Violino I
Alto
Trombone II
Oboe I, II
Violino II
Tenore
Trombone III
Viola
Basso
Trombone IV
Continuo
Ach Gott, vom Him - mel sieh dar - ein und
Ach
Instr.
Ach Gott, vom Him - mel
laß dichs doch er - bar - - - men, und laß dichs
Gott, vom Him - mel sieh dar - ein und laß dichs doch

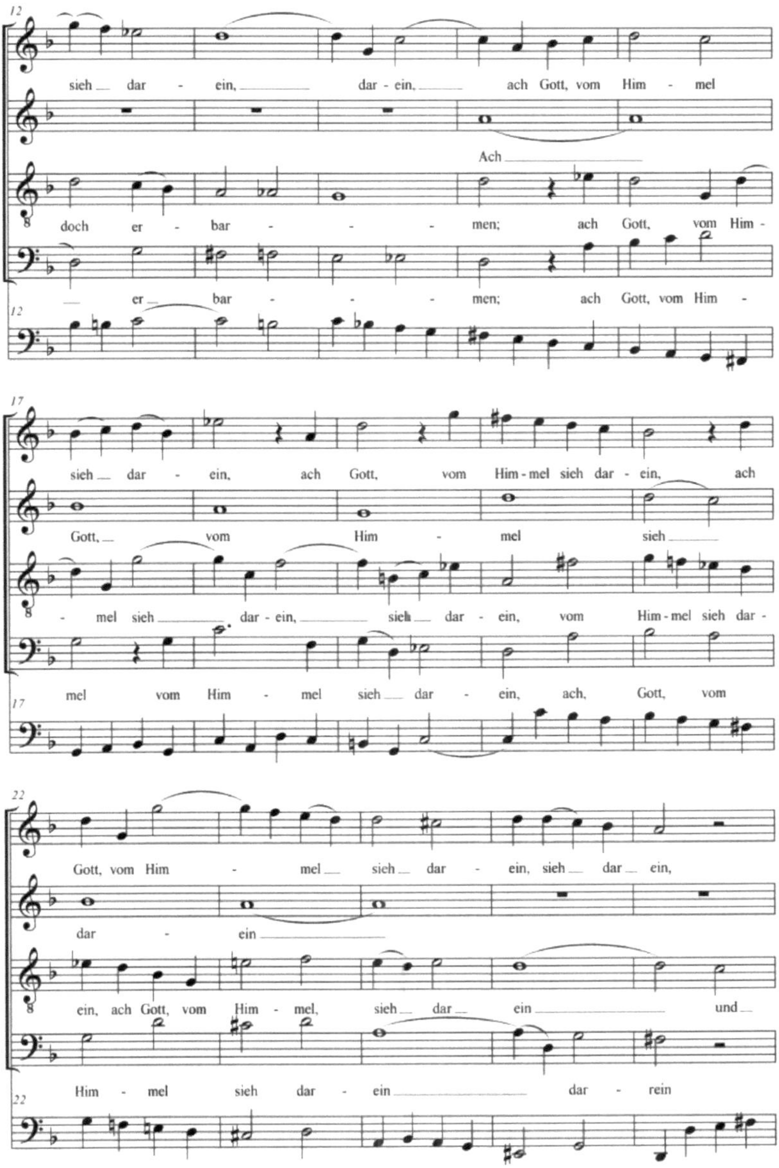
12
sieh dar - ein, dar - ein, ach Gott, vom Him - mel
Ach
doch er - bar - - - men; ach Gott, vom Him -
er bar - - - men; ach Gott, vom Him -
12
17
sieh dar - ein, ach Gott, vom Him-mel sieh dar - ein, ach
Gott, vom Him - mel sieh
- mel sieh dar - ein, sieh dar - ein, vom Him-mel sieh dar -
mel vom Him - mel sieh dar - ein, ach, Gott, vom
17
22
Gott, vom Him - mel sieh dar - ein, sieh dar ein,
dar - ein
ein, ach Gott, vom Him - mel, sieh dar ein und
Him - mel sieh dar - ein dar - rein
22

BWV 2/1, T. 1–26

Die Altertümlichkeit dieses Eröffnungschors im Kontext des Choralkantatenjahrgangs 1724/1725 – wobei BWV 2 das zweite Werk in diesem Zyklus darstellt – sticht umso auffälliger hervor, da Bach eine Woche zuvor für den 1. Sonntag nach Trinitatis die Kantate *O Ewigkeit, du Donnerwort* BWV 20 mit der vergleichsweise modernen Form einer französischen Ouvertüre eröffnet hatte. Wollte Bach seinen Leipziger Hörern das gesamte Repertoire seiner kompositorischen Möglichkeiten präsentieren? Gezeigt werden soll im Folgenden, dass die Wahl des stile antico für Bach wohl naheliegend war, weil in dem Lied von Martin Luther auf der Grundlage des 12. Psalms in der ersten Hälfte des 18. Jahrhunderts Bedeutungen mitschwangen, die – heute weniger geläufig – zu einem „alten“ Stil motivierten. Nicht in erster Linie Bachs Experimentierfreude oder das Vorführen seines kompositorischen Könnens vor der Leipziger Hörerschaft, als vielmehr die zeittypische Lesart von *Ach Gott, vom Himmel sieh darein* scheint ursächlich für die sonderbar herausstechende musikalische Form zu sein.

Einen ersten Ansatzpunkt bietet die Betrachtung der Stellung der Kantate im Kirchenjahr und ihr Verhältnis zum Evangelium. Für einen 2. Sonntag nach Trinitatis geschrieben, erklang sie in einem Gottesdienst in welchem das Gleichnis vom großen Abendmahl (Luk. 14, 16–24) verlesen wurde. Wie Alfred Dürr schon anmerkte, lassen sich „spezielle Anspielungen auf das Sonntagsevangelium nirgends finden“.[174] Etwas allgemeiner gefasst kann jedoch die Grundaussage des Liedes – die Klage über Gottlosigkeit – dem Ausbleiben der geladenen Gäste im Gleichnis aus dem Lukasevangelium an die Seite gestellt werden. Doch ist dies nicht vergleichbar mit der eine Woche zuvor erklungenen Kantate *O Ewigkeit, du Donnerwort*, in welcher auf Basis eines Liedes von Johann Rist bis auf wortwörtliche Anleihen das Sonntagsevangelium, die Geschichte vom reichen Mann und armen Lazarus, nacherzählt wird. Es lässt sich vor diesem Hintergrund erahnen, dass zeittypische Lesarten von *Ach Gott, vom Himmel sieh darein* vielleicht relevanter und ertragreicher sind als die entsprechenden Auslegungen des Evangeliums. Wieder einmal bietet Johann Martin Schamel in seinem zeitgleich erschienenen *Evangelischen Lieder-Commentarius* von 1724 einen vielversprechenden Hinweis. Schamels erster

174 Dürr, *Kantaten*, S. 341.

Kommentar zu dem Lied, unmittelbar nach Angabe des Autors, lautet: „Zielet auf das Papstthum seiner Zeit".[175] Mit „seiner Zeit" ist die Zeit Martin Luthers, die Zeit von Reformation und beginnender Gegenreformation gemeint. Durch den archaischen Gestus des vokalmotettischen Stils rekurriert Bach auf diese Zeit. Der Zeitsprung, welcher im Eingangschor von BWV 2 so eindrucksvoll vorgeführt wird, ist ein Stück kompositorisch gestaltete Reflexion von der Geschichte eines Liedes, dessen Geschichtlichkeit im besonderen Maße schon im 18. Jahrhundert wahrgenommen wurde. Auch Gabriel Wimmer kommentiert das Lied um 1750 noch in gleicher Weise: „hat Luther dasselbe wider das Papstthum seiner Zeit aufgesetzt".[176] Eventuell wollte Bach mit der „Rückständigkeit" und Schlichtheit des kompositorischen Stils auch – im Rückblick – die Not und die Verfolgung der evangelischen Christen zur Zeit der Reformation beleuchten. Die im Liedtext erwähnten wenigen „Heilgen" und das „Wort", welches „man nicht lässt haben wahr" weisen in diese Richtung und werden von den Hymnologen der Bachzeit eindeutig in der Kontext von Reformation und Gegenreformation verortet – ohne den aktualisierenden Hinweis auszulassen, dass auch in der Gegenwart Missstände innerhalb der evangelischen Kirche zu beklagen seien.[177] Das Lied *Ach Gott, vom Himmel sieh darein* ist zudem in seiner Überlieferung besonders mit Geschichten und Anekdoten angereichert worden. All diese Historien zielen, dem Liedtext und seiner Intention entsprechend, auf die Auseinandersetzung des häufig so bezeichneten „evangelischen Häufleins" mit den „Papisten". Gabriel Wimmer schreibt dazu: „Mit diesem Gesange hat man zum Anfange der Reformation manchen Päpstischen Lehrer von der Cantzle herunter, und zur Kirche hinaus gesungen".[178] Darauf folgen etliche solcher Historien, die Wimmer größtenteils aus den hymnologischen Schriften von Johann Benedict Carpzov, Johann Christoph Olearius und Johann Martin Schamel zitiert. Aus dem *Evangelischen Lieder-Schatz* von Johann Christoph Olearius stammt folgende Historie:

175 Schamel, *Lieder-Commentarius*, S. 376.

176 Wimmer, *Lieder-Erklärung*, Bd. 1, S. 504.

177 Ebd., S. 509 f.

178 Ebd., S. 705.

> „A. C. 1529. Den 5. Dec. Am II. Advents=Sonntage hat sich zu Lübeck begeben, daß zu St. Jacob ein Capellan, Nahmens Herr Hillebrand, die Früh-Predigt verrichtet, und da er nach der Predigt, dem damahligen Gebrauch nach angehoben für die Todten zu bitten, haben zwey kleine Knaben in der Kirche angehoben zu singen den Gesang: Ach Gott vom Himmel sieh darein etc. und hat die gantze Gemeinde diesen Psalm biß zu Ende mit gesungen, und das ist der erste teutsche Psalm, der zu Lübeck in der Kirche gesungen worden. Nach diesem Tage, wenn ein Münch oder ein ander Prediger auf die Cantzel kommen und etwas redete, so den Evangelisch-gesinnten nicht anstund, haben sie alsbald angefangen zu singen: Ach Gott vom Himmel sieh darein etc. und der Prediger hat müssen aufhören, und von der Cantzel gehen."[179]

Als reformatorisches Kampflied wird der Gesang auch in einer Historie deutlich, die sich 1686 in Dresden begeben haben soll. Wimmer gibt diese – Johann Martin Schamel zitierend – wieder:

> „Als der sel. Spener Anno 1686. Mens. Jul. Dresden im Anzuge war, und ihm der Cantor zu Nossen mit den Schülern entgegen kam, wurde nach gewissen Lob-Liedern auch dieses Lied zu dessen sondern Vergnügen gesungen. Wie er es denn 6. post Trin. Darauf die Schüler zu Dresden an statt der Motette für seiner Thür langsam singen ließ, unter grossem Aufsehen, weil gegenüber die Churfürstliche Frau Mutter wohnete."[180]

Es ist in dem Zusammenhang des Reflektierens von Geschichte – dem Gegenüberüberstellen von „neu" und „alt", womit auch der Beginn des Choralkantatenjahrgangs (BWV 20 und BWV 2) charakterisiert werden kann – noch einmal aufschlussreich, das Besondere des Jahres 1724 zu beleuchten. 1724 jährte sich der Druck des ersten lutherischen Gesangbuchs, des sogenannten *Achtliederbuchs*, zum zweihundertsten Male. Der zweite Leipziger Kantatenjahrgang, welcher später als Choralkantatenjahrgang bezeichnet wurde – eine

179 Ebd., S. 507 f.

180 Ebd. S. 508.

Bezeichnung, mit der Bach und seine Zeitgenossen sicher nicht viel hätten anfangen können[181] –, ist höchstwahrscheinlich in toto ein Echo dieses runden Jubiläums mit vielen Akteuren in der Vorbereitung und Durchführung. Es ist schwer vorstellbar, dass der Kantor der Leipziger Hauptkirchen im Alleingang einen so schwerwiegenden „Eingriff" in die Planung der Gottesdienste konzipiert oder auch nur initiiert hat.[182] Die Kantate *Ach Gott, vom Himmel sieh darein* BWV 2 mit ihrem altertümlichen Beginn ist auch eine Referenz auf das, was 1724 als identitätsstiftendes Moment gemeinsam feierlich begangen und in Erinnerung gerufen wurde.

3.7 *Confessio laudis* und *Confessio fraudis* (BWV 4/3, BWV 66/6)

Die bisherigen Werkbetrachtungen haben gezeigt: Wer Text und Musik der Kantaten Bachs aufmerksam studiert, kann hin und wieder auf Textpassagen oder Einzelwörter stoßen, die in der Vertonung Bachs seltsam zu klingen scheinen und nach einer weiterführenden Erklärung verlangen. Nicht immer entspricht der musikalische Ausdruck dem, was man bei dem Libretto oder einzelnen Worten intuitiv erwarten würde. Es sind dies eher Ausnahmen, doch dadurch fallen sie als Abweichung von der Norm umso mehr auf. Eines dieser Wörter in Bachs Kantatenwerk, welches zu denken gibt, ist die Deklamation des „Hallelujas". In zwei ausgesuchten Kantatensätzen soll im Folgenden der Frage nachgegangen werden, warum diese Halleluja-Gesänge nicht immer jubilierend und affirmativ, sondern vielmehr auch verhalten, introvertiert, ja sogar klagend klingen können. Zunächst seien zwei auffällige Beispiele von solch weniger affirmativen Vertonungen vorgestellt, darauffolgend dann aus

181 Vgl. S. 47 f.

182 Konträr zu Christoph Wolff: „Es ist schwer vorstellbar, daß dieses faszinierende und beispiellose Choralkantaten-Projekt von jemand anderem als Bach selbst initiiert wurde […]" (in: Christoph Wolff: *Johann Sebastian Bach*, Frankfurt am Main 2005, S. 301.)

theologischen und hymnologischen Quellen der Zeit ein mögliches Erklärungsmodell für dieses Phänomen erarbeitet.

Den Tod niemand zwingen kunnt (BWV 4/3)

> **BWV 4/3**
> **Den Tod niemand zwingen kunnt**
> **Bei allen Menschenkindern,**
> **Das macht' alles unsre Sünd,**
> **Kein Unschuld war zu finden.**
> **Davon kam der Tod so bald**
> **Und nahm über uns Gewalt,**
> **Hielt uns in seinem Reich gefangen.**
> **Halleluja!**

Das Sopran-Alt-Duett „Den Ton niemand zwingen kunnt" ist der dritte Satz der Osterkantate *Christ lag in Todesbanden* BWV 4.[183] Der Text des Duetts ist die unverändert beibehaltene zweite Strophe des Ostliedes „Christ lag in Todesbanden" von Martin Luther, welches in den Gesangbüchern und hymnologischen Quellen der Bachzeit auch häufig mit „Christ ist erstanden, verbessert"[184] übertitelt wurde. Dies geht auf den Sachverhalt zurück, dass Martin Luther sich in diesem Lied stark an dem mittelalterlichen „Christ ist erstanden" anlehnte und dieses erweiterte. Alle Strophen von „Christ lag in Todesbanden" enden mit einem „Halleluja". Die Einzelsätze der Kantate Bachs auf den Text dieses Liedes haben jeweils charakteristische Begleitfiguren in den Instrumenten, die der Musik einen sehr plastischen Eindruck verleihen. In dem vorliegenden Duett ist die Begleitfigur allein im Continuo zu finden, was ihr als Bassstimme in diesem Kontext zusätzlich ein affektuoses Gewicht verleiht: Dunkel und schleppend schreitet die Continuostimme unablässig in großen und kleinen zumeist abwärts geführten Sekunden voran. Dieser alles andere als affirmative Gestus wird dann auf den initialen Worten „Den Tod den niemand zwingen

183 Vgl. S. 57.

184 Exemplarisch: Vopelius, *Gesangbuch*, S. 272.

kunnt“ mehrfach wiederholt. Die Form des Duetts wiederum verstärkt mit ihrer Möglichkeit des von den Singstimmen gegenseitigen Aufgreifens von Textfragmenten des Librettos das Bild eines schauerlichen, omnipräsenten Todes, „den niemand zwingen kunnt“. Alternierend insistieren Sopran und Alt zu Beginn immer wieder auf dem Beginn des Librettos, auf „Den Tod …“, in den Takten 3 bis 6 in abwärts geführten kleinen Sekunden.

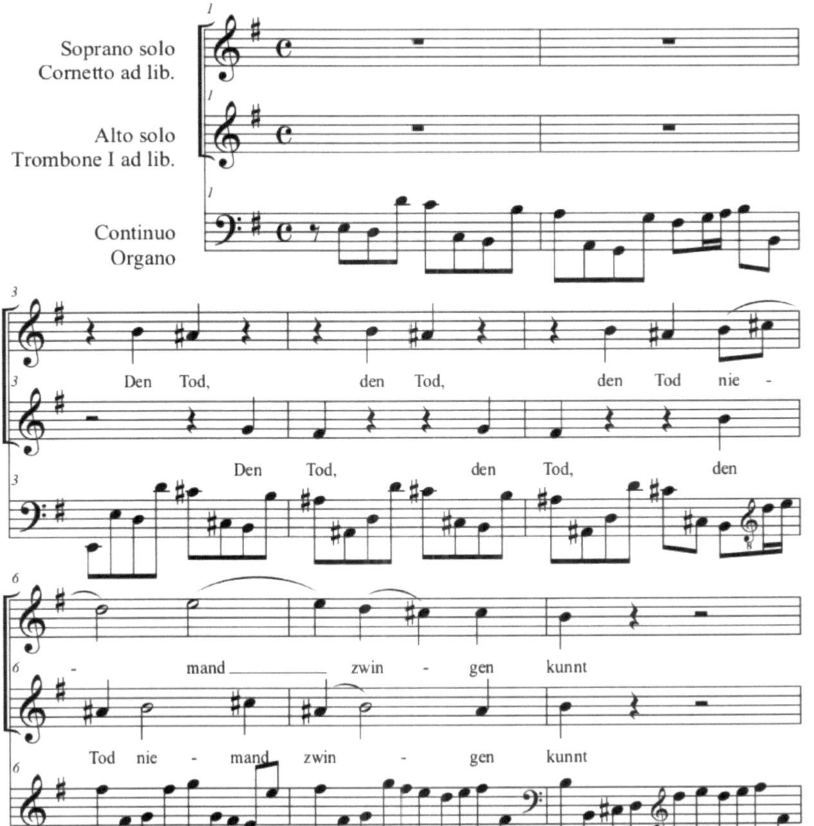

BWV 4/3, T. 1–8

In dem Text von Martin Luther folgt dann gewissermaßen die Erklärung für dieses dunkle Bild. Verantwortlich sei „unsere Sünd“, die dem Tod erst eine solche Macht über uns gegeben habe, oder in den Worten der Dichtung: Der Tod „nahm über uns Gewalt / hielt uns in seinem Reich gefangen“. Erstaunlich genug für dieses düstere Bild folgt unmittelbar als Abschluss, so wie jede Strophe dieses Liedes beschlossen wird, ein „Halleluja“.

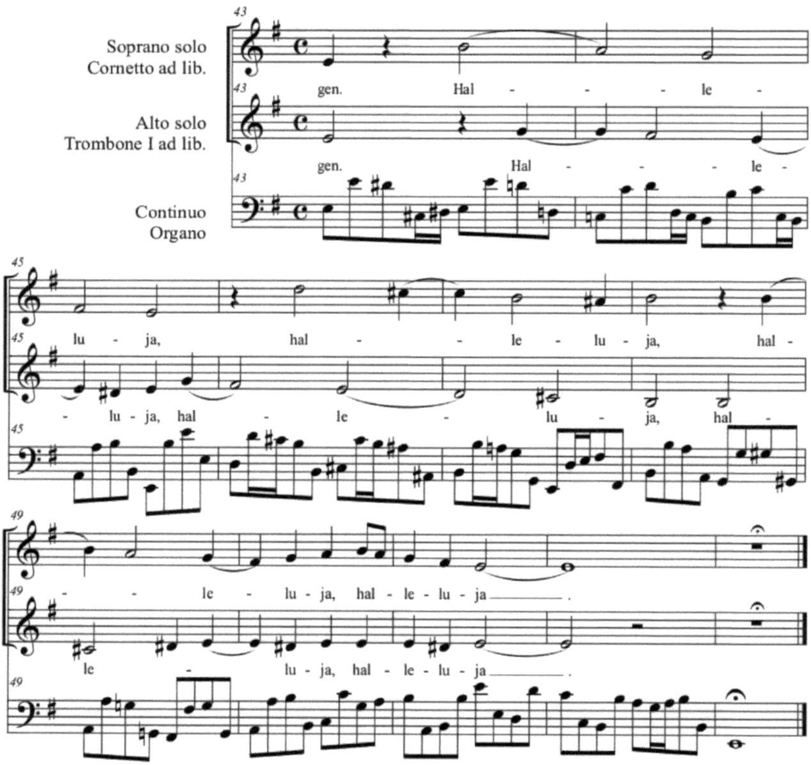

BWV 4/3, T. 43–53

Was macht Bach aus diesem eigentümlich hervorstechenden Halleluja? Bach entscheidet sich, das Stück „durchzukomponieren“. Er behält den klagenden Gestus bei, ja potenziert ihn sogar, wenn das „Halleluja“ immer wieder in ausladenden Bewegungen in Sekundschritten abwärts deklamiert wird. Bei keinem anderen Textabschnitt der Strophe wird die abwärts geführte Diastematik so konsequent beibehalten. Dazu kommen noch scharfe Sekundreibungen zwischen Sopran und Alt, wie etwa *a-g* in T. 44, *d-e* in T. 46 und *cis-d* in T. 47. Dass man das „Halleluja“ durchaus kompositorisch von der Gesamtfaktur des Satzes absetzen und ihm sogar einen jubilierenden Ausdruck verleihen konnte, zeigt abermals der Vergleich mit der Osterkantate auf den gleichen Text von Johann Pachelbel:[185]

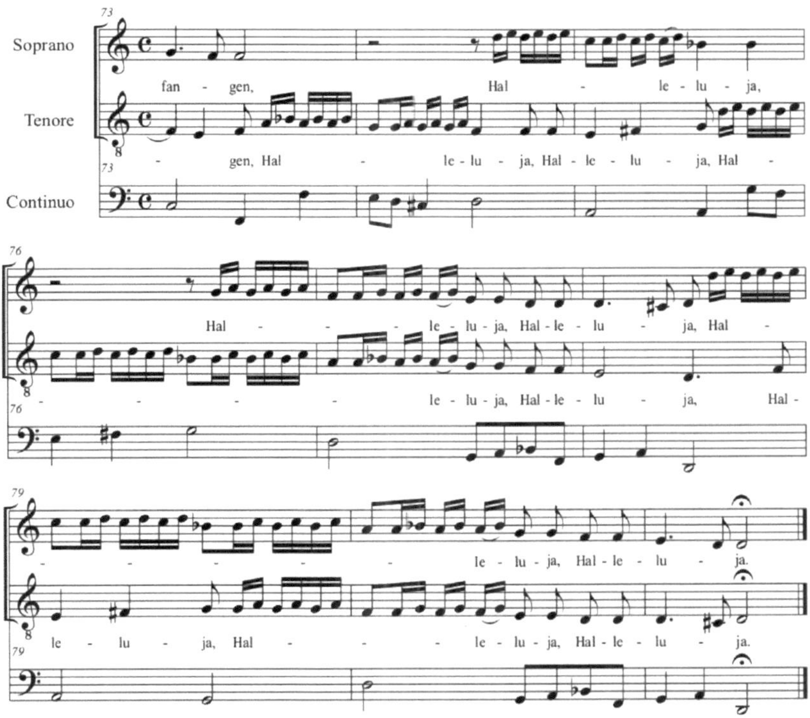

PWV 1205, T. 73–81

185 Vgl. S. 62 ff.

Auch Johann Pachelbel entscheidet sich, die Strophe von Martin Luthers Osterlied in der Dramaturgie eines Duetts zu vertonen. Und ähnlich wie bei Bach entsteht durch das gegenseitige Aufgreifen bzw. Wiederholen von Textfragmenten eine eindringliche Stimmung. Doch in Pachelbels Vertonung gibt es einen Schnitt: Das „Halleluja", erst vom Tenor, dann umso intensiver in höherer Lage vom Sopran deklamiert, ist durch die Sechzehtelkoloraturen deutlich von den zuvor artikulierten negativen Bildern abgesetzt. Intuitiv möchte man meinen, dass Pachelbel dem Wort-Ton-Verhältnis mehr Aufmerksamkeit widmet, wohingegen Bach über das beschließende „Halleluja" geradezu hinwegkomponiert.

Alleluja! Des solln wir alle froh sein (BWV 66/6)

> **BWV 66/6**
> **Alleluja! Alleluja! Alleluja!**
> **Des solln wir alle froh sein,**
> **Christus will unser Trost sein.**
> **Kyrie eleis**

„Alleluja! Des solln wir alle froh sein" ist der letzte Satz der Osterkantate *Erfreut euch, ihr Herzen* BWV 66, welche Bach am Ostermontag, den 10. April 1724, erstmalig in Leipzig aufführte. Der Text ist die dritte und letzte Strophe des mittelalterlichen Osterhymnus „Christ ist erstanden", welchen, wie zuvor erwähnt, Martin Luther zu „Christ lag in Todesbanden" „gebessert" hat. Auffallen kann an dieser letzten Strophe, dass sie mit sehr unterschiedlichen Aussagen bzw. Anrufungen beginnt und endet: „Alleluja" und „Kyrie eleis". Bach übernimmt in der harmonischen Aussetzung nahezu identisch den Kantionalsatz aus dem *Leipziger Gesangbuch* von Gottfried Vopelius, sodass alle folgenden Beobachtungen allgemeine, zeittypische Implikationen für das Verständnis des Chorals in Anspruch nehmen dürfen. Nahezu melancholisch wirkt die Vertonung des dreimaligen „Allelujas" und erweckt nicht den Eindruck, dass „Lobpreis", sondern vielmehr auch die Bitte um Erbarmen („Kyrie eleis") zu dieser Choralaussetzung geführt haben könnte:

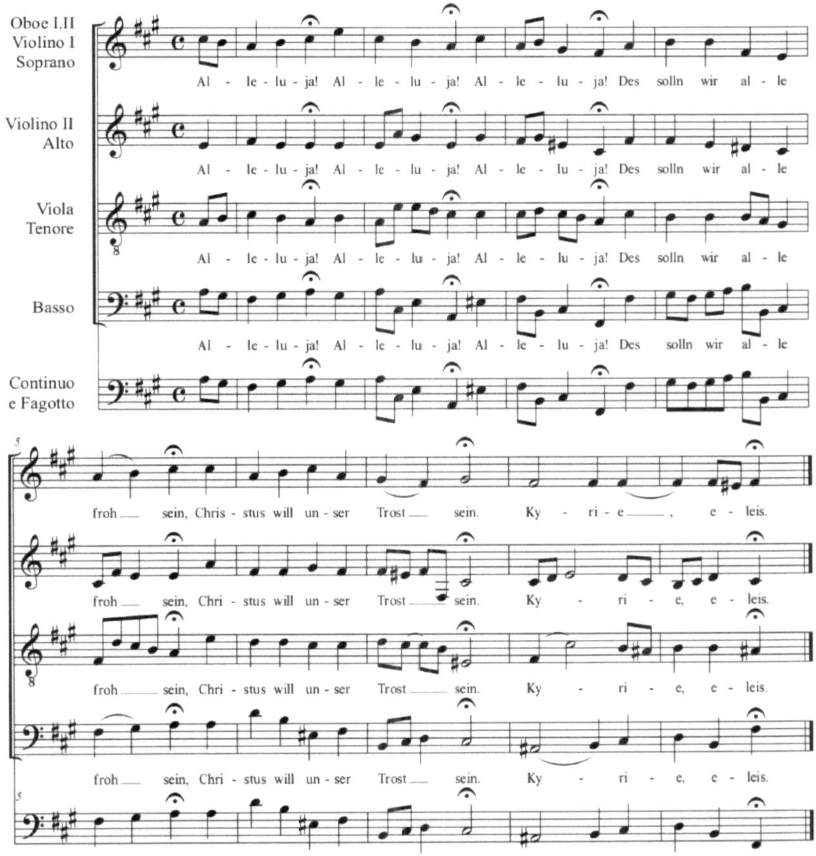

BWV 66/6

Aufhorchen lässt vor allem das Einführen von Cis-Dur auf der letzten Zählzeit von T. 2, welches dann das „Alleluja" in Takt 3 auf fis-Moll schließen lässt und den folgenden Text – „Des solln wir alle froh sein" – eigentümlich konterkarierend erscheinen lässt.

Ebenso wie die Vertonung des Hallelujas im Duett BWV 4/3 lässt der Kantionalsatz BWV 66/6 die Frage nach der Abhängigkeit der Vertonung von dem Text aufkommen. Denn auch wer etwa in *Zedlers Universal-Lexicon* den Artikel „Halleluja“ aufschlägt, liest gleich zu Beginn: „Halleluja, ist, als eintzelnes Wort, mit seiner Bedeutung gnug bekannt, daß es nemlich so viel bedeute, als: Lobet den Herrn!“[186] Diese Definition überrascht nicht, ist es doch das, was zum heutigen Allgemeinwissen zählt und von aktuellen Nachschlagewerken bestätigt wird. Laut *Wikipedia* ist „Halleluja“ „ein liturgischer Freudengesang in der jüdisch-christlichen Tradition und Aufruf zum Lobe Gottes.“[187] Wie kommt also Bach dazu, in den zuvor besprochenen Beispielen das Lob Gottes so klagend zu vertonen?

Die Hinweise in den Quellen der lutherischen Orthodoxie auf ein Erklärungsmodell für Bachs seltsam erscheinende Vertonungen sind etwas versteckt. Einen ersten, wenn auch nicht ganz widerspruchsfreien Ansatzpunkt, liefern die *Lehr- und Liederpredigten* von Johann Benedict Carpzov. Anlässlich einer Leichenpredigt zum damals üblichen dritten Osterfeiertag, in welcher zuvor im Exordium auf den Gesang „Jesus Christus, unser Heiland“ eingegangen wird, folgt in der eigentlichen Predigt die „Lehre de Hallelajatione, vom Halleluja singen“.[188] Hier findet sich die erste vielversprechende Spur zu einer Bedeutung des Hallelujasingens, die kaum mehr geläufig sein dürfte, Bach und seinen Zeitgenossen aber vielleicht vertraut war. Carpzov geht etymologisch vor und erläutert, dass „Halleluja“ aus dem Hebräischen stamme und unter anderem die Bedeutung des „Bekennens“ habe, „das frey öffentlich und ohne scheu geschiehet, und man damit das, was man in hertzen hat, gleichsam durch den mund heraus wirfft, und von sich weglässet, daß man es nicht alleine bey sich hat“.[189] Der dann folgende Abschnitt lässt aufhorchen: „Es ist aber nach der anmerckung des alten lehrers Augustini, das bekäntniß zweierley, confessio fraudis, das bekänntniß der sünden, und confessio laudis, das bekäntniß des lobes“.[190] Von Carpzov werden – der noch einmal gesteigerten Bedeutung des Schriftprinzips in der lutherischen Spätorthodoxie

186 N. N.: Art. „Halleluja“, in: *Johann Heinrich Zedler: Grosses vollständiges Universal-Lexicon aller Wissenschafften und Künste*, Bd. 12, Sp. 282.

187 https://de.wikipedia.org/wiki/Halleluja (aufgerufen am 4.06.2021).

188 Johann Benedict Carpzov: *Lehr- und Liederpredigten*, Leipzig 1706, S. 1584.

189 Ebd. S. 1585.

190 Ebd. S. 1585 f.

entsprechend – Schriftstellen angeführt, welche die „zweierlei Bekenntnisse" belegen sollen. Zu dem „bekänntniß der sünden" finden sich: „Ich sprach, ich will den Herrn meine übertretung bekennen, Ps 32,5. und Salomonis: Wer seine missethat leugnet, dem wird es nicht gelingen, wer sie aber bekennet und läst, wird barmhertzigkeit empfahen [Spr 28,13]".[191] Jedoch wird kurz darauf diese eine Bedeutung des „Hallelujas" eingeschränkt und darauf verwiesen, dass es zumeist als Lob Gottes zu verstehen sei. Zudem möchte Carpzov nicht in der Tradition der „Papisten" stehen und dem katholischen Sakrament der Beichte das Wort reden: „Nun wollen zwar die Papisten lieber in unserm texte die erste bedeutung des bekennens der sünden der letzten vorziehen, die scharffe ohren-beichte, in welcher alle sünden nach den gesetzen der Römischen kirchen müssen erzehlet werden [...]".[192] Die Ausführungen von Johann Benedict Carpzov sind also keineswegs widerspruchsfrei. Lässt sich Bachs seltsame Vertonung des „Hallelujas" in BWV 66/6 und BWV 4/3 mit „confessio fraudis" erklären? Eine weitere frömmigkeitsgeschichtlich bedeutsame Quelle, die sich zudem in „Bachs theologischer Bibliothek" befand, ist die *Schola Pietatis* des lutherisch-orthodoxen Theologen Johann Gerhard (1582–1637). In ihr stellt Gerhard „auf über 1000 Seiten in 5 Büchern den Weg zur Gottseeligkeit (*pietas*) dar, wobei Buch 3 bis 5 eine ins Einzelne gehende Dekalogauslegung enthält".[193] Unter der Kapitelüberschrift „Welcher Gestalt ein Liebhaber der Gottseeligkeit für dem Mißbrauch des Namens Gottes sich hüten, und hergegen denselben heiligen soll" finden sich im dritten Buch der *Schola Pietatis* zunächst neun Punkte, wie die „Heiligung des Namens Gottes kan und soll geschehen". Hier begegnet uns wieder das Argumentationsmuster von Johann Benedict Carpzov von den zweierlei Bekenntnissen. Unter Punkt zwei führt Gerhard die „Heiligung des Namens Gottes" „per peccatorum confessionem" an:

191 Ebd. S. 1586.

192 Ebd.

193 Martin Honecker: Art. „Gerhard, Johann (1582–1637)", in *Theologische Real-Enzyklopädie*, Bd. 12, S. 448–453, hier: S. 449.

> 2. Per peccatorum confessionem, daß man in Gottes Namen seine Sünde bekenne. Es wird in Gottes Wort zweyerley Bekänntniß gedacht, die ein heißt confessio fraudis, wenn man seine Sünde bekennet, die andere aber heisset confessio laudis wenn man Gottes Lob bekennet und verkündiget. Allhie wird von der ersten Art und Bekänntniß gehandelt: denn da gehöret auch dieses zur Heiligung des Namens Gottes, daß, da man Sünde und Unrecht gethan, dieselbe Gottes zu Ehren bekenne, und keines weges verhele. Wer solches thut und seine Sünde bekennet, der gibt Gott dem Herrn und seinen heiligen Namen die Ehre der Allwissenheit, das Ihm nichts verborgen sey, wenn es schon in heimlichen Winckeln geschehen, die Ehre der Gerechtigkeit, daß er ein gerechter Gott, und der Sünden feind sey, und die Ehre der Barmherzigkeit, daß Er wolle Sünde vergeben, dadurch wird der Name Gottes geheiliget, und andere zu dergleichen Bekänntniß bewogen.[194]

Johann Gerhard stellt hier pointiert eine Form des Gotteslobes als Sündenbekenntnis dar. Und Anklänge an diese wie selbstverständlich vorgetragene Argumentation des „gelehrtesten und bekanntesten Vertreter der lutherischen Orthodoxie“[195] finden sich letztlich auch in den hymnologischen Quellen des 18. Jahrhunderts. So kommentiert Gabriel Wimmer das Nebeneinander von „Kyrieeleis“ und „Hallelluja“ in dem „Christ ist erstanden“ unverkennbar nach einem ähnlichen Muster der Auslegung, wie es bei Carpzov und bestimmter noch bei Gerhard zu finden ist:

> In diesem Liede steht Kyrieleiß und Alleluja beysammen. Nicht uneben. Denn wenn wir für die Wohlthaten unsers Erlösers mit Freuden dancken, so sollen wir uns auch unsers eigenen Elendes mit Seufzen

194 Johann Gerhard: *Schola Pietatis. Das ist: Christliche und Heilsame Unterrichtung was Für Ursachen einen jeden wahren Christen zur Gottseligkeit bewegen sollen, auch welcher Gestalt er sich an derselben üben soll*, Nürnberg 1719, S. 564 f.

195 Honecker, „Gerhard“, S. 448.

> erinnern. Und so oft wir unsere Noth beseufzen, so oft sollen wir auch über die göttliche Gnade frolocken.[196]

In den Analysen von BWV 4/3 und BWV 66/6 wurde auf das sonderbar verhalten wirkende, zum Teil in einem gar klagenden Duktus vertonte „Halleluja" hingewiesen, wofür sich keine unmittelbare Erklärung finden lässt. Das „Halleluja" als Gotteslob sollte doch, so intuitiv zu vermuten, vielmehr zu einer affirmativen Vertonung animieren. Die hymnologischen Quellen des ausgehenden 17. bzw. der ersten Hälfte des 18. Jahrhunderts und der lutherischen Orthodoxie im Allgemeinen haben jedoch ermöglicht, eine Lesart freizulegen, die eine Erklärung für diese Art der Hallelujavertonung bietet. Demnach hat Bach – in BWV 4/3 in einer kompositorisch vollkommen freien Entscheidung, in BWV 66/6 dem Kantionalsatz im Gesangbuch von Gottfried Vopelius folgend – in dem „Halleluja" wohl eher die in der Zeit auch inhärente Bedeutung als Bekenntnis der Sünden herausgearbeitet. Die in einem heutigen Leser und Hörer vollkommen fremde multiperspektivische Lesart des so häufig vorkommenden Hallelujas macht noch einmal deutlich, wie man gelegentlich sich bei einem spontanen – historisch nicht vermittelten – Verständnis von Bachs Kantatentexten in einer falschen Sicherheit wiegt. Auffällige Vertonungen, ein Wort-Ton-Verhältnis, welches unserem heutigen Empfinden nach rätselhaft oder gar widersprüchlich erscheint, bieten häufig lohnende Ansatzpunkte das Verhältnis von Wort und Ton in der zur Zeit Bachs gültigen Lesart noch einmal zu rekonstruieren. Nicht selten treten dabei Überraschungen zutage.

196 Wimmer, *Lieder-Erklärung*, Bd. 1, S. 309 f.

4 Ambivalente Erkenntnisse. Ein Fazit

Um mit einer allgemeinen Beobachtung zu beginnen: Die schriftlichen und ikonographischen Quellen, ja schlicht alles Biographische zu Johann Sebastian Bach, sind wenig geeignet dem künstlerischen Ingenium nachzuspüren. Wer hat nicht schon die Erfahrung machen müssen, die dokumentarisch verbürgten Aussagen Bachs und seiner Zeitgenossen als eigentümlich fremd und zeitverhaftet und damit in einem Gegensatz zur Musik zu empfinden? Man hat sich heute daran gewöhnt, diese Diskrepanzen, diese Spannungen gewissermaßen mit Disziplin auszuhalten und mit ihnen umzugehen, doch dem 19. Jahrhundert machte es Bach damit besonders schwer. Wollte man mit der Konstruktion einer Einheit von Leben und Werk einen allumfassenden, möglichst konsistenten Blick auf die Vergangenheit und ausgewählte Exponenten werfen, sträubte sich Bach dieser Kontaktaufnahme wie kaum ein zweiter. Und das 19. Jahrhundert währte lang. Nicht anders als resigniert kann man es bezeichnen, wenn Paul Hindemith noch 1950 von der „austernhaften Verschwiegenheit" Bachs „in bezug auf sein Werk"[197] spricht und Wolfgang Hildesheimer 1985 auf dem einzig authentischen Bachgemälde von Elias Gottlob Haußmann lediglich „einen lapidaren, ja wuchtigen Erdensohn"[198] sieht. Um eben doch etwas von der Kunst Bachs zu erfahren – und diese Entwicklung setzte schon mit der bahnbrechenden Monographie von Philipp Spitta in den 1870er Jahren ein –, befragte man zusätzlich den Kontext von Leben und Werk: Bachs Einflüsse, seine Vorbilder, sein Umfeld. Diesen kontextualisierenden Weg – heutzutage selbstverständlich – ist auch die vorliegende Studie gegangen und hat Bachs geistliche Vokalmusik im Spiegel zeittypischer Frömmigkeit und hymnologischer Quellen des 18. Jahrhunderts betrachtet. Doch was erhofft man sich von

197 Paul Hindemith: *Johann Sebastian Bach. Ein verpflichtendes Erbe*, Frankfurt am Main 1953, S. 11.

198 Wolfgang Hildesheimer: *Der ferne Bach. Eine Rede*, Frankfurt am Main 1985, S. 12.

einem solchen Ansatz? Sollten die das Zeittypische repräsentierenden Quellen „greifen" – was wäre damit gezeigt, was damit gewonnen? Es ist in diesem Zusammenhang, als kontrastierendes Geschichtsbild, noch einmal interessant, sich zu erinnern, wie sehr Philipp Spitta auf den gleichsam überparteilichen Standpunkt Bachs in religiösen Dingen pochte: „Sein religiöser Standpunkt war ein über allen Streit erhabener und allgemeiner, wie er sich für ein universales Genie geziemte [...]".[199] Eine solche Positionsbestimmung ist populär und in gewisser Weise auch naheliegend. Denn warum, so mag man intuitiv meinen, sollte Bach, dessen Musik unzweifelhaft als universal empfunden wird, in einer Zeit verhaftet sein, der wir – etwa in den Bereichen Politik, Gesellschaft und speziell in der konfessionellen Spaltung und Illiberalität – kaum noch mit Sympathie begegnen können? In den Werkbetrachtungen ging es weniger um Bachs Sozialisation, als vielmehr um die potentiell außermusikalischen Wurzeln frömmigkeitsgeschichtlicher Art von Bachs Kompositionen. Und dennoch, oder gerade daher, spielt die angerissene Problematik von Bachs Positionsbestimmung zwischen Individualität und Zeitgeist eine Rolle. Besteht in der Theorie ja die Möglichkeit, dass Bachs Lebenswelt kaum Einfluss auf seine kompositorische Tätigkeit hatte – also eine Art von „absoluter Musik" sich verwirklicht hat –, wird dieser Ausweg hinfällig, wenn Spuren von Bachs Zeit sich explizit in seiner Musik identifizieren lassen. Der in der Einleitung eingeführte Begriff der *inventio*, mit denen die Musiktheoretiker der Zeit in Abgrenzung zu der finalen Ausarbeitung, der *elaboratio*, die vornehmlich außermusikalische Idee einer Komposition bezeichnen, kommt hier zum Tragen. Die Ideen, im vorliegenden Fall exklusiv aus den hymnologischen Quellen der ersten Hälfte des 18. Jahrhunderts rekonstruierbar, sind als kompositorische Grundentscheidungen unüberhörbar. Ob es nun ein scharf punktierter Rhythmus (BWV 7/1), eine besondere Besetzung (BWV 7/4) oder ein auffälliger Stil (BWV 2/1) ist – es sind immer satzstrukturelle Merkmale, die im Vordergrund stehen und als Zeitspuren in Bachs Kompositionen gleichsam eingraviert sind. Damit ließe sich schließen. Und doch würden vielleicht entscheidende Fragen und Konstellationen unangesprochen bleiben. Denn die Folgen, die ein solch historischer Ansatz mit den vorliegenden Ergebnissen zeitigt, geben zu Den-

199 Philipp Spitta, *Bach*, Bd. 1, S. 364.

ken. Mit dem Erkenntnisgewinn stellen sich zugleich Begleiterscheinungen ein, welche nicht intendiert sind. Diese Begleiterscheinungen lassen sich den Begriffen *Reduktion* und *Ferne* zuordnen.

In einem vielbeachteten Beitrag widmete sich Ludwig Finscher 1969 dem „Parodieproblem bei Bach" und kommt am Ende unter anderem zu dem Ergebnis, dass ein „‚Überschuss' musikalischer Gestaltung jenseits der Textkomposition"[200] die ideelle Grundlage des Parodieverfahrens bei Bach sei. In dem Zusammenhang ist auch von der „Multivalenz" die Rede, welche das Werk „für sehr verschiedene Texte offenhält, ein Verständnis in verschiedenen Richtungen und mit wechselnder Akzentuierung des Sinngehalts ermöglicht."[201] Dem für Bach im Allgemeinen konstatierten *Überschuss* muss hier, als Ergebnis der Werkbetrachtungen, eine *Reduktion* gegenübergestellt werden. Zumindest die Ideen von Bachs (Vokal-)Kompositionen sind, das konnte gezeigt werden, in einem hohen und eindeutigen Maß Bestandteil eines recht engen Reservoirs an Möglichkeiten, aus dem geschöpft werden konnte. Welche Möglichkeiten hatte ein protestantischer Komponist im ersten Drittel des 18. Jahrhunderts, einen Text wie „Des Vaters Stimme ließ sich hören" (BWV 7/4), musikalisch umzusetzen? Die in Frage kommenden hymnologischen und exegetischen Quellen pochen regelrecht auf den zwei Perspektiven von „Du bist mein geliebter Sohn" (Mk 1,11/Lk 3,22) und „Dies ist mein geliebter Sohn" (Matth, 3,17) und bemühen sich zugleich diesen immanenten Widerspruch in den Evangelien aufzulösen. Durch die Entscheidung für ein begleitendes Violinduett trägt Bach den zwei vom Himmel kommenden Stimmen – quasi die Auflösung des Widerspruchs, wie sie die frömmigkeitsgeschichtlichen Quellen bieten – Rechnung.[202] Bach bedient sich, das sollten dieses und alle anderen Beispiele gezeigt haben, aus den drastisch reduzierten und eindeutigen Möglichkeiten seiner Zeit und seines geschichtlichen Ortes, einen Text in Musik zu setzen. Die historische Arbeit führt wieder zurück auf diese Reduktion. Vom „Überschuss" bleibt aus dieser Perspektive für Historiker:innen nicht

200 Ludwig Finscher: „Zum Parodieproblem bei Bach", in: *Bach-Interpretationen*, hrsg. von Martin Geck, Göttingen 1969, S. 94–105, hier: S. 105.

201 Ebd.

202 Vgl. das Kapitel 3.4 „Des Vaters Stimme ließ sich hören" (BWV 7/4).

viel übrig. An sich selbstverständlich, aber dennoch erwähnt werden sollte dabei: Was aus historischer Perspektive als Gelingen einer Methode oder eines einbezogenen Quellenbestandes etc. befriedigt, kann aus der emphatisch kunstreligiösen Perspektive – von der die Kulturpraxis nach wie vor zehrt – als Verarmung wahrgenommen werden. Eine Verarmung, da eine potentiell unendliche Anzahl von Deutungsmöglichkeiten einer als universal empfundenen Musik drastisch reduziert wird. Reduktion findet bei jeder historischen Arbeit statt, hat jedoch bei einem ästhetischen Gegenstand der Untersuchung wohl in besonderem Maße das Potenzial auch als ernüchternd empfunden zu werden.

Doch es ist nicht nur die Reduktion, die als Begleiterscheinung des Erkenntnisgewinnes zu konstatieren ist. Zugleich, in die Reduktion verschränkt, wird *Ferne* erzeugt. Auch hier ließe sich zu Beginn wieder hinlänglich bekanntes referieren. Nämlich, dass historische Arbeit einen Gegenstand – etwa durch die unvorhersehbaren und überraschenden rekonstruierten Inhalte, die sich nicht mehr unmittelbar mit unserer Lebenswelt synchronisieren lassen – in die Ferne rückt. Durch Geschichtsschreibung, so Carl Dahlhaus, „werden Menschen und Werke gerade nicht ‚näher gebracht', wie die Biographenphrase der Popularliteratur lautet, sondern vielmehr ferngerückt."[203] Geschichte würde, „pointiert ausgedrückt, immer unverständlicher und fremder, je umfassender man sie kennt und je beharrlicher man den Voraussetzungen nachgeht, von denen die Vergangenheit getragen wurde, als sie noch Vergangenheit war."[204] Was Dahlhaus formulierte, gilt auch für die vorliegende Untersuchung – reicht aber nicht aus. Die Ferne geht hier noch über das lediglich Unverständliche und Fremde hinaus und lässt sich am ehesten in einem Konjunktiv verdeutlichen: Man müsste den von Bach in Musik gesetzten Lesarten, den Ideen und der Geisteshaltung dahinter schon mit Sympathie begegnen, um Ferne zu negieren. Dass eine solche Sympathie heute – in der Breite unter den Rezipierenden der Musik Bachs – vorhanden ist, kann bezweifelt werden. Es wurde zu Beginn, vor den Werkbetrachtungen, die These aufgestellt, dass die Hymnologie um 1700 primär eine Folge bzw. Ausprägung der lutherischen Spätorthodoxie sei und zugleich die Frage aufgeworfen, inwieweit Bach diese Geisteshaltung auch

203 Carl Dahlhaus: *Ludwig van Beethoven und seine Zeit*, Laaber 1987, S. 36.

204 Ebd.

musikalisch reflektiert. Abschließend kann gesagt werden, dass Bach sich in seinen Kompositionen den Ideen dieser geistesgeschichtlichen Epoche, bewusst oder unbewusst, verpflichtet fühlt und als Musterschüler der lutherischen Spätorthodoxie in seinem Fach erscheint: In der uniformen Befolgung des Schriftprinzips, der bis auf die Silben genauen, gleichsam kanonisierten Auslegung von Worten und wohl zum Teil auch in der konfessionellen Polemik und Intoleranz. Von diesen Ideen lassen sich kaum Brücken zu einer liberalen Gesellschaft in einer pluralistischen Welt schlagen. Es wird wohl in Zukunft, mit zunehmender Sensibilität und einer größeren Kenntnis über die ideellen Entstehungsbedingungen von Bachs Musik, noch mehr über diese Diskrepanz nachgedacht und diskutiert werden. Für die hier abgeschlossene Untersuchung bleibt, dass der Erkenntnisgewinn im Resultat mit einer Reduktion und zunehmender Ferne gekoppelt ist. Dieser Vorgang ist irreversibel.

Abbildungsverzeichnis

Abb. 1: Gottfried Vopelius: *Neu Leipziger Gesangbuch*, Leipzig 1682, Titelblatt. Bayerische Staatsbibliothek München, 2 Hom. 304.

Abb. 2: Gottfried Vopelius: *Neu Leipziger Gesangbuch*, Leipzig 1682, unpaginiert. Bayerische Staatsbibliothek München, 2 Hom. 304.

Abb. 3: Johann Martin Schamel: *Naumburgisches Gesang-Buch*, Naumburg 1712, Titelblatt. Niedersächsische Staats- und Universitätsbibliothek Göttingen, 8 H E RIT I, 12325.

Abb. 4: Johann Martin Schamel: *Naumburgisches Gesang-Buch*, Naumburg 1712, S. 100. Niedersächsische Staats- und Universitätsbibliothek Göttingen, 8 H E RIT I, 12325.

Abb. 5: Gabriel Wimmer: Ausführliche Lieder-Erklärung, Bd. 3, Altenburg 1749, Titelblatt. Niedersächsische Staats- und Universitätsbibliothek Göttingen, 8 H E RIT I, 9250:3.

Abb. 6: Johann Benedict Carpzov: *Lehr- und Liedepredigten*, Leipzig 1706, Titelblatt. Forschungsbibliothek Gotha der Universität Erfurt, Theol 4° 952/2 (1).

Abb. 7: Johann Christoph Olearius: *Evangelischer Lieder-Schatz*, 4 Bde., Jena 1707, unpaginiert. Universitäts- und Landesbibliothek Sachsen-Anhalt, Il 2360 (3).

Abb. 8: Johann Christoph Olearius: *Evangelischer Lieder-Schatz*, 4 Bde., Jena 1707, Titelblatt. Universitäts- und Landesbibliothek Sachsen-Anhalt, Il 2360 (3).

Abb. 9: Johann Martin Schamel: *Evangelischer Lieder-Commentarius*, Leipzig 1724. Herzogin Anna Amalia Bibliothek Weimar, 240 793 – A (1)

Abb. 10: Erdmann Neumeister: *Das Wasserbad im Worte*, Hamburg 1731, unpaginiert. Forschungsbibliothek Gotha der Universität Erfurt, Theol 8° 394/3.

Abb. 11: Erdmann Neumeister: *Das Wasserbad im Worte*, Hamburg 1731, Titelblatt. Forschungsbibliothek Gotha der Universität Erfurt, Theol 8° 394/3.

Abb. 12: Martin Luther: *Hauß-Postilla über alle Sonntags- und Fest-Evangelien*, Leipzig 1702, S. 1. Bayerische Staatsbibliothek München, 2 Hom. 304.

Literatur- und Quellenverzeichnis

BEUTEL, ALBRECHT: Art. „Aufklärung. Theologisch-kirchlich", in: *Religion in Geschichte und Gegenwart4*, Bd. 1, Sp. 941–948.

BILHUBER, JOHANN CHRISTOPH: *Evangelischer Lieder-Schatz, oder, Glossirtes grosses, Würtembergisches, Gesang-Buch*, 3 Bde., Tübingen 1730–1734.

BULTMANN, CHRISTOPH: Art. „Exegese, Frühe Neuzeit", in: *Religion in Geschichte und Gegenwart*[4], Bd. 2, Tübingen 1999, Sp. 1788–1789.

CALOV, ABRAHAM: *Das Neue Testament*, Wittenberg 1682.

CALOV, ABRAHAM: *Die kleinen Propheten nach der Deutschen Übersetzung D. Martin Lutheri*, Wittenberg 1683.

CANSTEIN, CARL HILDEBRAND VON: *Harmonie und Auslegung der Heiligen vier Evangelisten*, Halle 1718.

CARPZOV, JOHANN BENEDICT: *Lehr- und Liederpredigten*, Leipzig 1706.

CRIST, STEPHEN A.: „Historical theology and hymnology as tools for interpreting Bach's church cantatas. The case of ‚Ich elender Mensch, wer wird mich erlösen', BWV 48", in: *Historical musicology*, 2004, S. 57–84.

DAHLHAUS, CARL: „Plädoyer für eine romantische Kategorie. Der Begriff des Kunstwerks in der neuesten Musik", in: *20. Jahrhundert* (= Gesammelte Schriften in zehn Bänden, Bd. 8), hrsg. von Hermann Danuser in Verbindung mit Hans-Joachim Hinrichsen und Tobias Plebuch, Laaber 2005, S. 216–224.

DAHLHAUS, CARL: *Ludwig van Beethoven und seine Zeit*, Laaber 1987.

DREMEL, ERIK: „Der Lutherische Choral als melodische ‚Gestalt' und sein Verhältnis zum Text", in: *Choral, Cantor, Cantus firmus. Die Bedeutung des lutherischen Kirchenliedes für die Schul- und Sozialgeschichte*, hrsg. von Erik Dremel und Ute Poetzsch, Halle 2015, S. 109–126.

DÜRR, ALFRED: *Die Kantaten von Johann Sebastian Bach*, Kassel u. a. 1971.

FINSCHER, LUDWIG: „Zum Parodieproblem bei Bach", in: *Bach-Interpretationen*, hrsg. von Martin Geck, Göttingen 1969, S. 94–105.

GECK, MARTIN: *Bach. Leben und Werk*, Reinbek bei Hamburg 2000.

Gerhard, Johann: *Schola Pietatis. Das ist: Christliche und Heilsame Unterrichtung was Für Ursachen einen jeden wahren Christen zur Gottseligkeit bewegen sollen, auch welcher Gestalt er sich an derselben üben soll*, Nürnberg 1719.

Gottschaldt, Johann Jacob: *Ertzgebürgisches Gesang-Buch*, Schneeberg 1728.

Heermann, David: *Erklärter Lieder-Schatz oder Gesangbuch*, Görlitz und Zittau 1722.

Hildesheimer, Wolfgang: *Der ferne Bach. Eine Rede*, Frankfurt am Main 1985.

Honecker, Martin: Art. „Gerhard, Johann (1582–1637)", in *Theologische Real-Enzyklopädie*, Bd. 12, S. 448–453.

Keller, Hermann: *Die Orgelwerke Bachs. Ein Beitrag zu ihrer Geschichte, Form, Deutung und Wiedergabe*, Leipzig 1953.

Leaver, Robin A.: „Churches", in: *The Routledge Research Companion to Johann Sebastian Bach*, hrsg. von Robin A. Leaver, London und New York 2017.

Leaver, Robin A.: *Bachs theologische Bibliothek. Eine kritische Bibliographie*, Neuhausen-Stuttgart 1983.

Lilienthal, Michael: *Des Singens vernünftiger Gottes-Dienst*, Königsberg 1723.

Luther, Martin: *Hauß-Postilla über alle Sonntags- und Fest-Evangelien*, Leipzig 1702.

Marperger, Bernhard Walter: *Das privilegirte ordentliche und vermehrte Dreßdnische Gesang-Buch*, Dresden 1727.

Mattheson, Johann: *Der vollkommene Capellmeister*, Hamburg 1739.

Matthias, Markus: Art. „Orthodoxie, Lutherische Orthodoxie", in: *Theologische Realenzyklopädie*, Bd. 25, S. 464–485.

Müller, Heinrich: *Evangelische Schlußkett und Krafft-Kern*, Frankfurt am Main 1734.

N. N.: *Anhang der Sammlung von Alten und Neuen Theologischen Sachen*, Leipzig 1725.

N. N.: Art. „Halleluja", in: Johann Heinrich Zedler: *Grosses vollständiges Universal-Lexicon aller Wissenschafften und Künste*, Bd. 12, Sp. 282.

N. N.: Art. „Neumeister, Erdmann", in: Johann Heinrich Zedler: *Grosses vollständiges Universal-Lexicon aller Wissenschafften und Künste*, Bd. 24, Leipzig und Halle 1740, Sp. 259–273.

N. N.: Art. „Olearius, Johann Christoph", in: Johann Heinrich Zedler: *Grosses vollständiges Universal-Lexicon aller Wissenschafften und Künste*, Bd. 25, Leipzig und Halle 1749, Sp. 1175–1185.

N. N.: *Schuldiges Lob Gottes oder Geistreiches Gesang-Buch*, Weimar 1713.

N.N.: *Leipziger Kirchen-Staat*, Leipzig 1710.

Neumann, Werner/Schulze, Hans-Joachim: *Bach-Dokumente. Band II. Fremdschriftliche und gedruckte Dokumente zur Lebensgeschichte Johann Sebastian Bachs 1685–1750*, Kassel u. a. 1969.

Neumeister, Erdmann: *Das Wasserbad im Worte, oder, Die Lehre von der Tauffe, so in LII. Predigten und zugleich in dem Eingange derselben unterschiedliche Lieder erkläret worden*, Hamburg 1731.

Olearius, Johann Christoph: *Evangelischer Lieder-Schatz*, 4 Bde., Jena 1707.

Pauli, Simon: *Außlegung, das ist Erklärung der Deutschen Geistlichen Lieder, so von Herrn Doctore Martino Luthero*, Magdeburg 1588.

Petzoldt, Martin: *Theologisch-Musikwissenschaftliche Kommentierung der geistlichen Vokalwerke Johann Sebastian Bachs*, 4 Bde., Kassel u. a. 2004–2020.

Rathey, Markus: „Der zweite Leipziger Jahrgang – Choralkantaten", in: *Das Bach-Handbuch*, Bd. 1, Bachs Kantaten, TeilBd. 1, hrsg. von Reinmar Emans und Sven Hiemke, S. 331–450.

Rathey, Markus: „The chorale cantata in Leipzig. The collaboration between Schelle and Carpzov in 1689–1690 and Bach's chorale cantata cycle", in: *Bach. The journal of the Riemenschneider Bach Institute*, Bd. 43, 2012, S. 46–92.

Rößler, Martin: „Die Frühzeit hymnologischer Forschung", in: *Jahrbuch für Liturgik und Hymnologie*, 1975 (Bd. 19), S. 123–186.

Rößler, Martin: *Die Liedpredigt. Geschichte einer Predigtgattung*, Göttingen 1976.

Schamel, Johann Martin: *Evangelischer Lieder-Commentarius*, Leipzig 1724.

Schamel, Johann Martin: *Naumburgisches Gesang-Buch*, Naumburg 1712.

Schering, Arnold: *Über Kantaten Johann Sebastian Bachs*, Leipzig 1950.

Schneider, Hans: Art. „Arndt, Johann", in: *Religion in Geschichte und Gegenwart*[4], Bd. 1, Sp. 788 f.

Schubert, Benedikt: *Bild, Affekt, Inventio. Zur Johannespassion Johann Sebastian Bachs*, Frankfurt am Main u. a. 2017.

Schweitzer, Albert: *Die Orgelwerke Johann Sebastian Bachs. Vorworte zu den ‚Sämtlichen Orgelwerken'*, Hildesheim u. a. 1995.

Schweitzer, Albert: *Johann Sebastian Bach*, Leipzig 1908.

Seeligmann, Gottlob Friedrich: *Leipziger Kirchen-Andachten*, 2 Bde., Leipzig 1694.

Spangenberg, Cyriakus: *Cithara Lutheri zum Katechismus, oder Spangenbergs Predigten über Luthers Katechismuslieder*, hrsg. von Wilhelm Thilo, Berlin 1855.

Spangenberg, Cyriakus: *Cithara Lutheri*, Bd. 1, Mühlhausen 1571.

Spitta, Philipp: *Johann Sebastian Bach*, 2 Bde., Leipzig 1873/1880.

Stemler, Johann Christian: *Historie und Führung des Lebens Johann Martin Schamelii*, Leipzig 1743.

Stinson, Russell: *J. S. Bach's great eighteen organ chorales*, Oxford u. a. 2001.

Vopelius, Gottfried: *Neu Leipziger Gesangbuch*, Leipzig 1682.

Walch, Georg: *Evangelische Lieder-Betrachtungen*, Jena 1714.

Wallmann, Johannes: Art. „Orthodoxie, Lutherische Orthodoxie", in: *Religion in Geschichte und Gegenwart*[4], Bd. 6, Sp. 693–702.

Wimmer, Gabriel: *Ausführliche Lieder-Erklärung*, 4 Bde., Altenburg 1749.

Wolff, Christoph: *Johann Sebastian Bach*, Frankfurt am Main 2005.

KUNST-, MUSIK- UND THEATERWISSENSCHAFT

Bd. 1 Hans Emons: Für Auge und Ohr: Musik als Film oder die Verwandlung von Kompositionen ins Licht-Spiel. 228 Seiten. ISBN 978-3-86596-019-1 (vergriffen, siehe Band 12 der Reihe)

Bd. 2 Hans Emons: Komplizenschaften. Zur Beziehung zwischen Musik und Kunst in der amerikanischen Moderne. 194 Seiten. ISBN 978-3-86596-106-8 (vergriffen, siehe Band 16 der Reihe)

Bd. 3 Calvin Scott: „Ich löse mich in tönen …". Zur Intermedialität bei Stefan George und der Zweiten Wiener Schule. 166 Seiten. ISBN 978-3-86596-135-8

Bd. 4 David Greve: Status und Statue. Studien zu Leben und Werk des Florentiner Bildhauers Baccio Bandinelli. 480 Seiten. ISBN 978-3-86596-154-9

Bd. 5 Knut Andreas: Zwischen Musik und Politik. Der Komponist Paul Graener (1872–1944). Mit Werkverzeichnis und umfangreichem Quellenverzeichnis. 448 Seiten. ISBN 978-3-86596-189-1

Bd. 6 Hans Emons: Montage – Collage – Musik. 182 Seiten. ISBN 978-3-86596-207-2

Bd. 7 Rachel Mader: Beruf Künstlerin. Strategien, Konstruktionen und Kategorien am Beispiel Paris 1870–1900. 246 Seiten. ISBN 978-3-86596-230-0

Bd. 8 Leoš Janácek: Vollständige Harmonielehre, übersetzt und kommentiert von Kerstin Lücker. 526 Seiten. ISBN 978-3-86596-321-5

Bd. 9 Hans Emons: Sprache als Musik. 184 Seiten. ISBN 978-3-86596-327-7

Bd. 10 Michael Hoyer: Unbefangene Beobachtungen an Bachs Weihnachtsoratorium. 102 Seiten. ISBN 978-3-86596-390-1

KUNST-, MUSIK- UND THEATERWISSENSCHAFT

Bd. 11 Christian Bunners: Johann Crüger (1598 – 1662) – Berliner Musiker und Kantor, lutherischer Lied- und Gesangbuchschöpfer. Aufsätze, Bildnisse, Textdokumente. 288 Seiten. ISBN 978-3-86596-371-0

Bd. 12 Hans Emons: Für Auge und Ohr: Musik als Film oder die Verwandlung von Kompositionen ins Licht-Spiel. 256 Seiten. 2., komplett überarbeitete und erweiterte Auflage. ISBN 978-3-86596-416-8

Bd. 13 Barbara Selmeci Castioni/Marion Uhlig (dir.): Saintes scènes. Théâtre et sainteté à la croisée du Moyen Âge et de la Modernité. 244 Seiten. ISBN 978-3-86596-412-0

Bd. 14 Hans Emons: Film – Musik – Moderne. Zur Geschichte einer wechselhaften Beziehung. 238 Seiten. ISBN 978-3-7329-0050-3

Bd. 15 Hans Emons: Musik in *Utopia*. Zur Klangwelt der Zukunftsvisionen. 184 Seiten. ISBN 978-3-7329-0193-7

Bd. 16 Hans Emons: Komplizenschaften. Zur Beziehung zwischen Musik und Kunst in der amerikanischen Moderne. 2., erweiterte und korrigierte Auflage. 202 Seiten. ISBN 978-3-7329-0397-9

Bd. 17 Benedikt Schubert: Zeitspuren. Bachs Vokalmusik im Spiegel hymnologischer Quellen. 140 Seiten. ISBN 978-3-7329-0658-1

Bd. 18 Michael Hoyer: Die vertonte Rede. Prinzipien der Liedkomposition Franz Schuberts. 264 Seiten. ISBN 978-3-7329-0814-1

Bd. 19 Irina Wolf: Das rumänische Theater im 21. Jahrhundert. Freie Szene und neue Wege. 102 Seiten. ISBN 978-3-7329-0909-4

Bd. 20 Ilse Lauer: Athanor – David Esrig und die Magie des Theaters. 338 Seiten. ISBN 978-3-7329-0941-4